W0376358

# DIE 3 SÄULEN DER PERSÖNLICHKEITSENTWICKLUNG

**Das geniale 3 in 1 Buch**

NLP

Stoizismus

Gewohnheiten ändern

+ hoher Praxisbezug

**Vincent Schubert**
**Raphael Wagner**
**Raphael Neumann**

**Originale Erstauflage**

Alle Rechte, insbesondere Verwertung und Vertrieb der Texte, Tabellen und Grafiken, vorbehalten.

Copyright © 2021 by Eulogia Verlags GmbH

**Softcover:** 978-3-96967-098-9

**Redaktion:** Finn Alexander Dubbels
**Lektorat:** Matthias Kramer
**Druck/Auslieferung:** WirmachenDruck
**Cover:** HappyDrawing - shutterstock.com

**Impressum:**

Eulogia Verlags GmbH
Nagelsweg 22a
20097 Hamburg
Deutschland

**Wir wünschen viel Vergnügen beim Lesen!**

# DIE 3 SÄULEN DER PERSÖNLICHKEITSENTWICKLUNG

EULOGIA
VERLAG

# INHALTSVERZEICHNIS

# NLP

# 1. Vorwort

Es gibt viele nützliche Gaben und Fähigkeiten. Manche sind ein Geschenk, andere kann man sich aneignen. Mitunter wird über Wert und Nutzen einzelner Talente gestritten und nicht jeder Mensch braucht jede Fertigkeit. An einer Sache kommt aber niemand vorbei, der langfristig ein erfolgreiches und gelingendes Leben führen möchte: Das ist eine möglichst reife und gewinnende Persönlichkeit.

Der US-amerikanische Drehbuchautor Lorenzo Semple Jr., der in seiner langen Karriere nicht nur die berühmte Fernsehserie Batman aus der Taufe hob, sondern auch an Filmklassikern wie *Papillon, Die drei Tage des Condors, King Kong, Flash Gordon und Sag niemals nie* (der endgültig letzte Auftritt von Sean Connery als Superagent James Bond) als kreativer Kopf hinter den Kulissen maßgeblich beteiligt war, hatte für seine Studenten an der Filmhochschule einen entscheidenden Ratschlag: Entwickeln Sie Ihre Persönlichkeit!

Er meinte das ganz im Ernst. Nicht Kreativität, nicht schriftstellerische Begabung stellte - nach seiner Erfahrung und Überzeugung - den Schlüssel zu einer erfolgreichen Karriere dar. Vielmehr war es eine ausgeprägte und einnehmende Persönlichkeit, die für das berufliche Fortkommen der jungen Männer und Frauen ausschlaggebend sein würde.

Warum ist das so? In der Filmbranche arbeiten viele Männer und Frauen zusammen, die miteinander auskommen müssen. Es gibt keine Einzelkämpfer. Um teure Projekte wie Filme und Fernsehserien zu stemmen, braucht es zahllose Mechanismen, die möglichst gut ineinandergreifen. Wenn die Chemie stimmt, arbeiten die Leute lieber zusammen und positive Erfahrungen führen zu weiteren Aufträgen.

Es liegt an Ihnen, wie Sie Ihre Persönlichkeit gestalten. Natürlich spielen dabei auch Ihre angeborenen Veranlagungen eine Rolle, – aber Sie sind diesen nicht auf Gedeih und Verderb ausgeliefert. Sie haben das Mittel in der Hand, Ihre Persönlichkeit in eine gewünschte, in eine gute Richtung zu entwickeln. Dieses Mittel heißt NLP.

NLP steht für Neuro-Linguistisches Programmieren, aber lassen Sie sich von diesem etwas sperrigen Begriff bitte nicht einschüchtern. Sie benötigen keine wissenschaftlichen oder mathematischen Vorkenntnisse. Wir wollen in diesem Buch nicht einen Berg von Theorien auftürmen, unter dem Sie dann erdrückt werden. Wir wollen Ihnen vielmehr ein einfaches Rezept vorstellen, das Sie leicht in Ihrem Alltag und in Ihrem Beruf zur Anwendung bringen können.

NLP ist ein mächtiges Werkzeug für die Gestaltung Ihrer Persönlichkeit. Es geht im Kern darum, wie Sie sich mit Ihrem Umfeld auf möglichst positive und zielführende Weise verständigen. Es geht darum, Ihre Persönlichkeit, Ihr Denken, Fühlen und Verhalten mit Hilfe Ihrer Sprache positiv zu beeinflussen, mit anderen Worten: sich zu programmieren.

Früher, in der schriftlosen Zeit, hatte das gesprochene Wort besondere Bedeutung. Es gab mächtige Sprüche, an deren Erfüllungsgehalt niemand zweifelte. Diese Sprüche konnten Segen oder Fluch beinhalten. Ganz ähnlich verhält es sich mit der NLP: Sie können mit Ihrer Sprache, mit Ihren Worten Ihr Leben in Richtung Segen oder Fluch, also in eine positive oder in eine negative Bahn lenken.

Wie das geht, will Ihnen dieser Ratgeber verraten. Und es versteht sich von selbst, dass wir damit eine positive Beeinflussung Ihres Lebens anstreben. In letzter Konsequenz liegt es natürlich bei Ihnen, wie Sie die Techniken und Methoden, die wir Ihnen in den folgenden Kapiteln vorstellen, einsetzen. Wir hoffen aber darauf, dass Sie aus diesem Ratgeber das Beste machen – für sich selbst und Ihre Umwelt.

# 2. Was ist NLP?

Wir haben uns im Vorwort darauf geeinigt, die trockene Theorie nur am Rande zu behandeln. Damit wir aber wissen, wovon wir reden, kommen wir um ein paar grundlegende Erörterungen zum Thema NLP nicht herum. Wir werden uns aber auf das Nötigste beschränken und dies so klar und verständlich wie möglich formulieren. Am Ende des Ratgebers finden Sie außerdem ein nützliches Glossar, das Ihnen eine Übersicht der wichtigsten Begriffe zum Thema bietet. So können Sie bei Bedarf schnell nachschlagen, was genau mit einem Begriff, der Ihnen vielleicht gerade entfallen ist, gemeint ist.

## 2.1 Definition

**NLP** ist eine Abkürzung und steht für den etwas sperrigen Begriff *Neuro-Linguistisches Programmieren* – so viel haben wir schon gehört. Den wenigsten von uns wird das aber wirklich weiterhelfen. Genau genommen handelt es sich dabei nicht um eine einzige Sache, sondern um einen Sammelbegriff. NLP steht für ein ganzes Bündel an Kommunikationstechniken, die auf vielen unterschiedlichen Konzepten fußen – vor allem aber auf den fachlich fundierten Erkenntnissen der Psychotherapie. Stellen Sie sich einen mächtigen und clever befüllten Werkzeugkoffer vor, in dem ein reichhaltiges hochspezialisiertes Instrumentarium steckt, das nur einem einzigen Zweck dient: Ihre Persönlichkeit so zu justieren, dass auf möglichst direktem Weg ein höheres Leistungslevel erreicht wird. NLP erfindet also das Rad nicht neu, kompiliert aber die für Sie wichtigsten Erkenntnisse verschiedener Forschungszweige zu einem wirksamen Maßnahmenkonglomerat. Ein echtes Best-of, wenn Sie so wollen, eine sorgfältige Auslese, die keine Zeit verschwendet, sondern direkt auf den Punkt kommt: jeder Schlag ein Volltreffer!

## 2.2 Herrkunft

Wie kommt der Begriff **NLP** - *Neuro-Linguistisches Programmieren* - zustande? Warum hat man keine eingängigere Formulierung gewählt? Das liegt vor allem daran, dass die Begründer dieses bewährten Motivations- und Kommunikationsmodells Wissenschaftler und Akademiker waren. In diesem Bereich geht es darum, die Dinge möglichst präzise und fachlich korrekt zu benennen - Eingängigkeit und gute Marketing-Tauglichkeit werden in wissenschaftliche Überlegungen nicht miteinbezogen. Eigentlich ein gutes Zeichen: Wir haben es hier nicht mit spekulativen Fantastereien zu tun, sondern mit fundierten fachlichen Theorien und Erkenntnissen - und die kommen eben immer ein bisschen trocken daher.

Es lässt sich aber die Zusammensetzung recht gut erklären: Dabei wäre einmal der Bereich **Neuro**-, der auf das **Neuron**, also die *Nervenzelle*, verweist. Die Vorgänge im Gehirn laufen über Nervenzellen, das heißt, der Bestandteil **Neuro**- in dem Konstrukt *Neuro-Linguistisches Programmieren* verweist auf die Beteiligung des Gehirns und der dort gesteuerten Prozesse. Den zweiten Bestandteil, **Linguistisches**, möchte man vielleicht auf Anhieb mit der Linguistik, der Sprachwissenschaft, in Verbindung bringen, aber das ist leider falsch. Auch mit der Neurolinguistik, der Verbindung von Sprachwissenschaft und Hirnforschung, hat NLP nur sehr eingeschränkt zu tun. Stattdessen bedeutet das englische Wort *linguistic* eigentlich »sprachlich«. NLP wurde, wie wir noch sehen werden, in den USA entwickelt und hat dort auch seinen – ursprünglich englischen – Namen erhalten. Der letzte Bestandteil von NLP, das **Programmieren**, kommt natürlich aus der Computertechnik. Durch das Programmieren bekommt der Computer gesagt, was er tun soll – und so ähnlich verhält es sich auch mit unserem Gehirn: Durch die Art unseres Sprachgebrauchs sagen wir unserem Gehirn, was es denken und fühlen soll – und damit beeinflussen wir auch direkt unser Verhalten im Alltag.

Das ist jetzt natürlich alles stark vereinfacht dargestellt, aber wir werden im Folgenden anhand vieler Beispiele aus der Praxis sehen, wie wir dieses theoretische Prinzip ganz einfach in die Praxis umsetzen und sehr davon profitieren können.

## 2.3 Geschichte

NLP, das Neuro-Linguistische Programmieren – wir wiederholen den Begriff noch ein wenig, damit er sich besser einprägt und leichter mitgedacht werden kann –, ist, wie wir schon gehört haben, in den USA entstanden. Die führenden Köpfe hinter dem Projekt waren der Psychologe Richard Bandler – zu dieser Zeit noch Student der Mathematik – und der Linguist John Grinder. Weil Grinder zeitweilig als Assistent des bekannten Anthropologen Gregory Bateson gearbeitet hat, geht man mitunter davon aus, dass auch dieser großartige Forscher Einfluss auf die Entwicklung von NLP genommen hat. Diese beiden jungen Männer wollten Anfang der 1970er Jahre ein neues psychotherapeutisches Verfahren entwickeln, das möglichst schnell zur Anwendung kommen konnte.

Gemeinsam mit ihrem dritten Mitstreiter Frank Pucelik, einem Studienkollegen Richard Bandlers, analysierten die jungen Forscher drei der erfolgreichsten Psychotherapeuten ihrer Zeit: Virginia Satir, die oft als Mutter der Familientherapie gefeiert wird, Fritz Perls, der als ein wichtiger Mitbegründer der Gestalttherapie gilt, und Milton Erickson, der sich vor allem um die Hypnotherapie verdient gemacht hat. Die großen Erfolge dieser einflussreichen Spitzentherapeuten gaben Richard Bandler, John Grinder und Frank Pucelik zu denken. Es musste doch möglich sein, die Methoden der gefeierten Meister zu kombinieren und zu komprimieren, um auf diese Weise eine Art Spezialwerkzeug zu erschaffen. So wie in einem Krankenwagen nur das Wichtigste steckt, um einem Patienten die nötige Soforthilfe zukommen zu lassen, sollte in dem Projekt der drei ambitionierten Vordenker nur das wirklich Wichtige stecken, das zur Förderung der menschlichen Persönlichkeit benötigt wird.

Vor diesem Hintergrund entstand das *Modelling*, die Urdisziplin des Neuro-Linguistischen Programmierens. Über die verschiedenen Disziplinen und Techniken des NLP werden wir später noch in einem eigenen Kapitel mehr hören. Beim Modelling geht es im Prinzip darum, ein erfolgreiches Vorbild zu analysieren und in seine Einzelteile zu zerlegen. Ein einfaches Beispiel, um dieses Verfahren zu erläutern: Man nimmt sich mehrere Lego-Sets, zerlegt sie in ihre Einzelteile und baut aus diesen Teilen ein neues Set, das genau auf die eigenen Bedürfnisse und Vorlieben abgestimmt ist. Nach diesem Prinzip hat sich in den letzten Jahrzehnten das NLP entwickelt – und ist zu einer echten Erfolgsgeschichte geworden, die immer mehr begeisterte Anhänger findet. Das Rad wird nicht neu erfunden, aber auf ein neues Radlager gesetzt, geschmiert, geölt und richtig in Schwung gebracht.

## 2.4 Ziele und Zweck

Wenn wir bislang nur etwas schwammig davon gehört haben, dass NLP Ihre Persönlichkeit justieren und das Denken, Fühlen und Verhalten beeinflussen soll, dann wird es jetzt höchste Zeit, diese Ziele und den Zweck von NLP etwas konkreter zu fassen. Dabei ist zu beachten, dass Neuro-Linguistisches Programmieren sowohl nach außen als auch nach innen gerichtet ist.

Was bedeutet das? Unter der inneren Ausrichtung des NLP verstehen wir die Entwicklung der Persönlichkeit, die daraus resultierende Lebensführung und das Erreichen persönlicher Zielsetzungen. Die äußere Ausrichtung legt ihren Schwerpunkt hingegen auf den Umgang mit anderen Menschen, auf die Begegnung mit dem Umfeld. Beide Richtungen sind wichtig und üben einen unmittelbaren Einfluss auf das Gelingen oder eben Nichtgelingen unseres Lebens aus.

Natürlich ist das nicht klinisch sauber voneinander zu trennen, denn alles hängt letztlich mit unserer Persönlichkeitsgestaltung zusammen. Im Englischen (und Neudeutschen) spricht man hier auch gerne von dem richtigen Mindset, das für eine bestimmte Sache benötigt wird. Das richtige Mindset ist aber mehr als »nur« die passende Lebenseinstellung, es bezieht auch die jeweilige Mentalität mit ein.

Was wollen wir nun im Einzelnen durch die Anwendung von NLP erreichen? Nun, ganz einfach:

- **Wir wollen unsere kognitiven Fähigkeiten steigern.**

Die *Kognition* ist unsere Fähigkeit zur geistigen Wahrnehmung. Kognition ist die Schnittstelle zwischen unserem Gehirn und unserer Umwelt. Der größte Teil unseres Lebens besteht aus Kognition. Je besser unsere kognitiven Fähigkeiten ausgeprägt sind, desto besser können wir unsere Umwelt wahrnehmen. Je größer unser Wahrnehmungsradius ausfällt, desto schneller können wir auf bestimmte Gegebenheiten und Impulse unserer Umwelt reagieren.

- **Wir wollen unsere emotionale, kommunikative und soziale Intelligenz erweitern.**

Unter *emotionaler Intelligenz* versteht man die Fähigkeit, die eigenen Gefühle und die Gefühle anderer korrekt wahrzunehmen und einzuordnen. *Kommunikative Intelligenz* ist die Fähigkeit, Sprachvermögen und Verständnistiefe unseres Gegenübers richtig einzuschätzen und unsere eigene Kommunikation daran anzupassen, um dadurch eine möglichst gute Verständigung zu erreichen. *Soziale Intelligenz* bezeichnet die Fähigkeit, sich in andere Menschen einzufühlen, sie zu verstehen – und sie zu beeinflussen.

- **Wir wollen unsere Persönlichkeit besser entfalten.**

Wir wollen nicht austauschbar oder gesichtslos sein. Wir wollen Eindruck hinterlassen und durch die Kraft unserer Persönlichkeit Gespräche beeinflussen, Begegnungen prägen und Entwicklungen steuern. Eng verbunden mit der Entfaltung der Persönlichkeit ist auch das Bewusstwerden der eigenen Identität - denn wenn wir uns selbst nicht kennen, können wir uns auch nicht entwickeln und entfalten.

- **Wir wollen persönliche Freiheit erfahren.**

Freiheit ist ein wertvolles Gut, aber in der modernen Welt und im öffentlichen Bewusstsein etwas in den Hintergrund gerückt. Freiheit scheint für uns moderne Menschen selbstverständlich zu sein - dabei sind wir aber in vielerlei Hinsicht noch immer Gefangene. Wir wollen wirklich frei sein und uns unabhängig von unseren eigenen Grenzen, Denkblockaden und Unsicherheiten bewegen. Wir wollen sicher und souverän auftreten und eine positive Ausstrahlung haben.

## 2.5 Vorannahmen

In der Mathematik und der Philosophie gibt es die sogenannten Axiome, unveränderliche Grundsätze, die als Fundament für eine bestimmte Theorie dienen, die nur unter Akzeptanz dieser Axiome auch in sich schlüssig ist und funktioniert. Solche Axiome sind Vorannahmen und wir kennen sie auch für das Neuro-Linguistische Programmieren. Es sind die Spielregeln, die wir akzeptieren, damit das Spiel auch wirklich für alle funktioniert. Wenn beim Schachspiel der König den Bauern schlägt, dann ist das kein unabänderliches und gegebenes Naturgesetz, sondern eine aufgestellte Regel, die von allen akzeptiert wird. NLP ist allerdings nicht nur Spiel und Spaß, sondern eine ernste Sache: Es geht um Ihr Leben.

Lernen wir also die Regeln kennen, nach denen wir spielen wollen:

- **Alles ist Kommunikation.** Selbst wenn wir nichts sagen und einfach still sind, kommunizieren wir durch unser Schweigen. Es gibt keine Nicht-Kommunikation. Auch wenn wir zu einer Sache nichts sagen, ist das eine Reaktion, die bemerkt und interpretiert wird. Im Bereich der Kommunikation gibt es keine Neutralität, keinen Rückzug. Alles ist in irgendeiner Form eine Art von Äußerung. Für uns geht es darum, diese Äußerungen zu kontrollieren.

- **Es gibt kein Scheitern, nur Rückmeldungen.** Wenn Dinge nicht so gelingen, wie wir es uns vorstellen, dann ist das kein Scheitern – es ist eine Rückmeldung, ein Feedback, das uns sagt, dass wir unser Vorgehen anpassen müssen. Keine Niederlage, sondern eine neue Chance! Wenn etwas, das wir tun, nicht funktioniert, dann tun wir eben etwas anderes. Wichtig ist nur: Weiter, immer weiter - kein Stillstand, kein Rückschritt, keine Depression.

- **Geist, Körper und Umwelt sind eins.** Das klingt wie ein esoterisches Mantra, ist aber eine notwendige und sinnvolle Feststellung. Wenn unser Geist geschädigt ist, dann tut das auch unserem Körper und unserer Umwelt nicht gut - und umgekehrt. Alles befindet sich in einem stetigen Bezug zueinander, beeinflusst sich zum Guten und zum Schlechten.

- **Jedes Verhalten hat seinen Sinn.** Kein Mensch verhält sich sinnlos - auch wenn es uns mitunter so scheinen mag. Entscheidend ist das geistige Koordinatensystem. Menschen können sich nur im Rahmen ihrer Möglichkeiten verhalten und entscheiden. Verhält sich jemand in unseren Augen unsinnig, dann liegt das daran, dass ihm weitere Möglichkeiten fehlen und er nur die Wahl zwischen schlechten Alternativen hat. Es geht also darum, diese eingeschränkte Auswahl zu erweitern. Daraus folgt: Jedes Verhalten hat auch seinen Nutzen und gibt Aufschluss über die dahinterstehende Persönlichkeit. Und außerdem: Jeder Mensch wird die bestmögliche Wahl aus den ihm zur Verfügung stehenden Verhaltensweisen treffen.

- **Je mehr Wahlmöglichkeiten, desto besser die Kommunikation.** Es leuchtet auf Anhieb ein: Je größer die Auswahl, desto höher die Wahrscheinlichkeit, dass eine gute Option gewählt wird und die Kommunikation gelingt. Einfaches Beispiel: Ein immer lächelndes Gesicht wirkt deplatziert, wenn eine traurige Nachricht überbracht wird. Die Mimik muss entsprechend angepasst werden. Je mehr Ausdrucksmöglichkeiten ein Gesicht zeigen kann, desto präziser lässt sich ein bestimmtes Gefühl vermitteln. Es geht darum, das gesamte Gebiet zu kartografieren und nutzbar zu machen - nicht nur einen kleinen Abschnitt.

- **Alles lässt sich lernen.** Jedes menschliche Verhalten und Vermögen ist erlernbar. Auch scheinbar übermächtige Vorbilder können erreicht werden, wenn sie nur ausreichend zerlegt werden. Das ist eine bewährte Grundtechnik des Neuro-Linguistischen Programmierens: Große Mahlzeiten werden in mundgerechte Stücke zerlegt, um ein schrittweises Erlernen zu ermöglichen. Wenn uns ein Weg zu lang scheint, unterteilen wir ihn in kleine Abschnitte und stellen fest, dass wir plötzlich viel mehr Fortschritte machen.

- **Die Reaktion bestimmt die Kommunikation.** Es geht nicht darum, was wir sagen möchten und wie wir es meinen, sondern wie es von unserem Adressaten aufgenommen wird. Entscheidend ist das Verständnis unseres Gegenübers – wenn eine gut gemeine Aussage negativ aufgefasst wird, dann ist auch die Bedeutung der Kommunikation negativ.

- **Wir sind alle einzigartig.** Ganz wichtig für eine gelingende Kommunikation: Es gibt kein Schema F, keine allgemeingültige Blaupause. Jeder Mensch ist ein Individuum. Wir alle sind einzigartig und besitzen unsere individuelle Wahrnehmung der Welt. Wir haben unsere eigene Art, nach der wir leben, denken und fühlen. Das bedeutet: Jeder Mensch trifft seine Entscheidungen vor dem Hintergrund seines eigenen Weltbildes und -verständnisses. Diese Einzigartigkeit müssen wir bei der Kommunikation mit unserem Umfeld berücksichtigen. Wir können und dürfen nicht einfach andere Menschen in unsere Schuhe zwängen.

- **Immer in Bewegung bleiben.** Wir sind keine Rammböcke und Mauerbrecher. Wir wollen unser Gegenüber nicht zu Fall bringen und unseren Weg nicht erzwingen. Wir wollen überzeugen. Gute

Kommunikation erfordert Flexibilität. Je flexibler wir in unserem kommunikativen Verhalten sind, desto eher können wir Störungen in unserem Umfeld ausgleichen. Wir besitzen dann Stoßdämpfer, die Unebenheiten des Weges auffangen.

- **Wir haben alles, was wir brauchen.** Eine besonders wichtige Regel, die Mut macht und allen Ausreden den Boden entzieht: Es fehlt uns nichts Wichtiges. Wir haben von Haus aus alles, was nötig ist, um unsere Persönlichkeit zu entfalten und unsere Kommunikation zu verbessern. Wir können hier und heute damit anfangen, alles besser zu machen und die Regeln des Neuro-Linguistischen Programmierens anzuwenden. Es sind keine weiteren Investitionen nötig, keine zusätzliche Ausbildung, kein vorbereitendes Training. Legen wir los – lassen wir uns nicht aufhalten – keine Ausrede zählt!

Wie sind diese Regeln entstanden? Nun, wir haben sie nicht in einer Mußestunde im stillen Winkel ausgewürfelt. Diese Regeln wurden ganz in der Tradition des Neuro-Linguistischen Programmierens abgeleitet und extrapoliert – von Vorbildern, die diese Regeln bewusst oder unbewusst anwandten und damit große Erfolge erzielten. Mitunter waren sich diese Vorbilder dieser Regeln und Grundsätze selbst gar nicht bewusst. Erst das beobachtende Umfeld hat diese Formeln erkannt und notiert. Dank dieser Arbeit haben wir es heute wesentlich leichter – wir haben also ein festes Geländer, das uns Halt gibt.

# 3. NLP – Die 18 besten Techniken

Wir haben bereits vom Modelling gehört, dem Urprinzip des Neuro-Linguistischen-Programmierens. Diese erste Technik ist besonders wichtig, aber bei Weitem nicht die einzige. In diesem Kapitel wollen wir uns einen grundlegenden Überblick über die verschiedenen Techniken des NLP machen. Weil im Lauf der Jahre die Zahl der Techniken beständig erweitert wurde, beschränken wir uns auf die besten. Wir tun also das, was bereits die Gründerväter des NLP vor vielen Jahren getan haben: Wir treffen eine sinnvolle Vorauswahl. Das Erlernen bzw. Beherrschen der vorgestellten Techniken erfordert unterschiedlich viel Zeit, ist aber für jedermann ohne Vorkenntnisse möglich. Alles was es braucht, ist etwas guter Wille und manchmal auch ein wenig Geduld. Ganz wichtig: Nicht alle Techniken müssen von jedermann in vollem Umfang angewandt werden. Es gibt immer auch eine Abkürzung.

## 3.1 Modelling: Das Modellieren als Mutterprinzip

Die Urtechnik darf in keiner Auflistung fehlen und gehört eigentlich immer auf den ersten Platz. Man könnte sie unter dem Leitsatz zusammenfassen: »Such dir ein Vorbild und lerne von ihm!« Aber ganz so einfach ist es dann doch nicht. Denn es geht beim Modelling nicht darum, ein Vorbild einfach zu kopieren. Modelling ist nicht Mimikry, nicht Nachahmung. Das Modellieren nach Art des NLP ist eine sinnvolle Ableitung bewährter Verhaltensmuster und deren Übersetzung in eigene Verhaltensweisen.

Wenn wir jemanden treffen, der uns beeindruckt, und sei es nur auf einem mittelbaren Weg, wie ihn z.B. die Medien darstellen, dann brauchen wir uns nicht mit bloßer Bewunderung begnügen. Wir können uns diese Person aktiv aneignen - zumindest ihre Verhaltensweisen. Wir wollen durch Beobachtung und Ableitung für uns selbst Strategien entwickeln. Innerhalb des NLP sprechen wir dabei auch von sogenannten Exzellenzstrategien. Das sind Verhaltensrichtlinien, die uns dabei helfen sollen, uns der offensichtlichen Exzellenz eines Vorbildes anzunähern.

Wir bewundern Bill Gates, der Microsoft als Garagenfirma gegründet hat und damit über die Jahre zum reichsten Mann der Welt aufstieg? Dann schauen wir uns sein Verhalten an, hören seinen Äußerungen zu und versuchen, für uns ein nützliches und bereicherndes Modell zu extrahieren. Wir stehen nicht mit offenem Mund da und staunen, wir fragen aktiv nach und beschäftigen uns mit der Frage: Wie haben die das eigentlich gemacht? Welche Verhaltensweisen stehen hinter diesem Erfolg?

Natürlich ist es kaum möglich, solche komplexen Modelle auf Anhieb vollständig zu erfassen. Vielleicht gelingt uns das auch nie - aber es ist schon ein wichtiger Schritt der Annäherung. Dabei kann am Anfang durchaus das Imitat stehen, also die bloße Nachahmung. Das kostet Geduld und Disziplin, schafft aber gewisse Automatismen, die für den langfristigen Erfolg unverzichtbar sind.

Langfristig geht es beim Modellieren aber nicht um bloße Nachahmung, sondern um mehr. Auf lange Sicht soll das Verhalten des Vorbildes nicht nur imitiert, sondern auch analysiert werden. Das kann auch auf schriftlichem Wege geschehen: Das imitierte Verhalten wird analytisch durchdrungen und möglichst detailliert und präzise niedergeschrieben. Wir führen sozusagen ein

Tagebuch unserer imitierten Verhaltensweisen. Damit machen wir für uns konkret sichtbar, was wir eigentlich an unserem Verhalten geändert und von unserem Vorbild übernommen haben.

Als dritter Schritt folgt das Vergegenwärtigen des bisher erlangten Wissens. Hier bewegen wir uns im Herzbereich des NLP. Es geht darum, dass wir uns das Übernommene und Erlernte bewusst machen. Das haben wir geschafft, wenn wir unsere Verhaltensweisen und unser neu gewonnenes Wissen in bündige Sätze fassen und Dritten gegenüber erklären können. Wenn wir jemandem, der unser Vorbild nicht kennt, dessen Erfolgsgrundlagen mit Worten vermitteln können, so dass die Erfolg bringenden Verhaltensweisen ohne persönliche Anschauung verständlich werden, dann haben wir unser Wissen verinnerlicht und vergegenwärtigt – wir haben es greifbar gemacht. Die schwarze Kohle ist zu einem hellen Diamanten geworden, der in seiner Fassung glänzt und glitzert.

Das neu erworbene Wissen, die angeeigneten Fähigkeiten müssen und wollen natürlich in der Praxis erprobt werden. Interessant ist vor allem, ob eine dritte Person allein anhand unserer schriftlichen Ausarbeitung dieses Verhalten mit Gewinn umsetzen kann. Ist das möglich, haben wir tatsächlich ein funktionierendes Modell erstellt. Ein solches Modell kann dann von allen NLP-Anwendern genutzt werden, ohne dass sie selbst das langwierige Prozedere des Modellierens durchlaufen müssen.

Das Modellieren ist die Grundlage und der Ausgangspunkt für das Neuro-Linguistische Programmieren – alles andere baut mehr oder weniger darauf auf. Deshalb haben wir dem Modellieren besonders viel Platz eingeräumt. Die weiteren Techniken werden wir im Kontext zu dem hier Dargestellten und somit zumindest teilweise etwas kürzer behandeln.

Natürlich sind die hier vorgestellten Schritte des Modellierens äußerst umfangreich und zeitaufwendig – und könnten den einen oder anderen Leser vielleicht etwas abschrecken. Keine Sorge: Es ist nicht in jedem Fall notwendig, dass das Modellieren in vollem Umfang von jedem NLP-Nutzer durchgeführt wird. Es gibt Abkürzungen, und wir können auch abgespeckte Techniken einsetzen. Hier war es uns nur wichtig, dass wir einmal das Grundprinzip und die »Mutter-Methode« des NLP kennenlernen.

## 3.2 Den richtigen Anker finden und setzen

Ein Schiff auf dem Wasser, das an einer bestimmten Stelle bleiben und nicht abgetrieben werden soll, geht vor Anker. Dazu wird der Anker an dieser einen bestimmten Stelle ausgeworfen und das Schiff so mit dem Meeresgrund verbunden oder verankert. Beim Neuro-Linguistischen Programmieren nutzen wir ebenfalls einen Anker.

Ankertechniken sind in unserem Leben nichts Neues und finden ständig Anwendung – in den meisten Fällen allerdings automatisch, ohne unser bewusstes Zutun. Ankern heißt in unserem Fall assoziieren, gleichsetzen. Ein innerer oder äußerer Reiz wird dabei mit einem bestimmten Gefühl, einer Emotion gleichgesetzt. Wenn es bei Oma und Opa immer nach frisch gebackenem Kirschkuchen geduftet hat, dann wird möglicherweise im späteren Leben der Duft von frisch gebackenem Kirschkuchen mit den Besuchen bei Oma und Opa gleichgesetzt – auch wenn Opa und Oma längst gestorben sind.

Dieses Ankern kann bewusst eingesetzt werden, um die Ziele des NLP zu erreichen. Um ein konkretes Gefühl, eine bestimme Reaktion auf Anhieb parat zu haben, verankern wir sie mit einem bestimmten Reiz. Dabei kommt jeder Reiz, der mit einem unserer fünf Wahrnehmungssinne wahrnehmbar ist, als potenzieller Anker in Frage. Das kann ein einzelnes Geräusch sein oder eine ganze Melodie, ein Bild, ein Symbol, eine Erinnerung. Der Anker hilft uns dabei, in eine angestrebte Stimmung zu kommen, eine Emotion aufzurufen, die uns bei unserer Kommunikation hilft.

In der Werbung und im Marketing sind Anker übrigens altbekannt und werden ständig genutzt. Wenn in einem Filmtrailer beispielsweise die Musik eines älteren, bereits erfolgreichen Films erklingt, dann werden damit bewusst Assoziationen zu diesem älteren Streifen geweckt. Wenn ein berühmter und erfolgreicher Sportler im Werbefernsehen zum Frühstück einen Schokoriegel isst oder eine Haselnuss-Creme aufs Brötchen streicht, dann wird die Assoziation zu seinen sportlichen Erfolgen geweckt – auch wenn wir mit ziemlicher Sicherheit davon ausgehen dürfen, dass das eine mit dem anderen nicht viel zu tun hat. Trotzdem sehen wir vor unserem geistigen Auge sportliche Glanztaten, wenn unser Blick im Supermarktregal auf das so beworbene Produkt fällt: das Ankern funktioniert.

Anker helfen dabei, unsere Alltagsstimmungen zu prägen und zu steuern. Wenn wir sie geschickt einsetzen, können wir unsere Gefühle wie die Töne auf einer Klaviatur hervorrufen. Das kann uns bei unserer Kommunikation enorm helfen, weil Gefühle unsere Worte und Gesten authentisch machen.

Um einen Anker bewusst zu setzen, führen wir uns die gewünschte Erfahrung so intensiv wie nur möglich vor Augen. Wenn wir der entsprechenden Erinnerung, der Emotion, so nahe wie möglich sind, werfen wir den Anker: Das kann ein bestimmter Gedanke sein, ein Zwicken in den Arm, ein Wort – am besten aber etwas, das uns jederzeit zu Gebote steht und nicht von äußeren Einflüssen und Zufälligkeiten abhängig ist.

Um den Anker zu erproben, unterbrechen wir unsere Emotion bewusst, lenken uns ab, durch eine Frage, eine Tätigkeit, eine Begegnung. Im Anschluss ziehen wir an der Ankerkette und prüfen, ob die Gleichsetzung funktioniert hat. Löst der gewählte Gedanke die entsprechende

Erinnerung aus? Führt das Zwicken in den Arm zu der assoziierten Emotion? Bewirkt das Wort den erstrebten Effekt?

Wenn es nicht auf Anhieb klappen sollte, erinnern wir uns an eine der Grundregeln von NLP: Es gibt kein Scheitern. Alles ist erlernbar. Wir machen weiter!

Abschließend noch ein wertvoller Tipp zum Ankersetzen: Das Modell **TIGER** steht für **T**iming, **I**ntensität des Zustands, **G**enauigkeit der Wiederholung, **E**inzigartigkeit des Ankers und **R**einheit des Zustands. Nach dieser Formel gelingt ein Anker fast immer. Wir brauchen den richtigen Zeitpunkt, ausreichend Kraft und Präzision und einen möglichst einzigartigen Anker, der nicht leicht verwechselt werden und damit andere Effekte hervorrufen kann. Außerdem muss der verbundene Zustand möglichst rein und unverfälscht sein, um Irrwege zu vermeiden.

## 3.3 Die Maus macht's: Die Disney-Strategie

Nicht Micky Maus selbst, aber ihr berühmter Vater Walt Disney gibt für das Neuro-Linguistische Programmieren ein veritables Vorbild ab. Disney war ein Mensch, der wusste, was er wollte, der sich seine Ziele hoch steckte und reich war an Visionen. Aber er war kein Phantast. Er wusste genau, was er tat – und wie er seine Absichten auf vernünftige Weise in die Tat umsetzen konnte.

Zunächst nahm er eine Dreiteilung seiner Wegstrecke zum Ziel vor. Erstens die Phase des Träumers, der seiner Kreativität freien Lauf lässt. In dieser Phase gibt es keine Grenzen, buchstäblich alles ist möglich. Wir lassen unseren Ideen ungesteuert Platz zur Entfaltung, strecken uns nach den höchsten Trauben und den hellsten Sternen. In dieser Phase geht einfach alles!

Disney war zweifellos ein Träumer, aber er war auch Realist. Die zweite Phase auf dem Weg zum Ziel war deshalb die des Planers, der die Ideen des Träumers einordnet, sortiert und in ein realistisches Konzept einpasst. In dieser Phase spielt die Machbarkeit eine Rolle. Es geht um die Frage, ob und wie sich die hochfliegenden Träume umsetzen lassen. In dieser zweiten Phase wird verständlicherweise einiges auf der Strecke bleiben, was während der ersten Phase ins Spiel gebracht wurde.

Aber so wenig ein Traum in allen Einzelheiten realistisch ist, genau so wenig lässt sich auch ein erster Plan ohne Abstriche und Einschränkungen in die Tat umsetzen. Er muss sorgfältig auf mögliche Fehler und Schwächen geprüft werden, um böse Überraschungen zu vermeiden. Das ist der Sinn und Zweck der dritten Phase, die dem konstruktiven Kritiker gehört.

Da es nicht ganz einfach ist, wenn wir allein in drei verschiedene Rollen schlüpfen und diese auch sorgfältig auseinanderhalten müssen, können wir uns mit einem kleinen Kniff behelfen: Wir markieren in einem ausreichend großen Zimmer drei Stellen auf dem Boden. Eine Stelle gehört dem Träumer, die nächste dem Planer und die letzte dem Kritiker.

Zwischen diesen Stellen bewegen wir uns nun hin und her und nehmen jeweils die zugehörige und vorher definierte Rolle ein. Als Träumer träumen wir, als Planer planen wir, als Kritiker kritisieren wir. Gedanken, die jeweils einer anderen Rolle zugehören, weisen wir zurück. Es ist wichtig, dass wir bei diesem Spiel, das eigentlich gar kein Spiel ist, nicht aus der Rolle fallen, sondern dem jeweils richtigen Prinzip treu bleiben. Auf diese Weise üben wir das entsprechende Denkmuster ein.

Der wiederholte Standortwechsel ist keine Spielerei! Er hilft uns ganz konkret, die passende Stimmung zu erreichen und unser Gehirn auf den Wechsel der Denkrichtungen einzustimmen.

## 3.4 Naschen ohne Kalorien: das Praliné-Muster

Eine Praline ist eine kleine Köstlichkeit, die man meist aufgrund ihres anziehenden Äußeren auswählt, ohne zu wissen, welche Geschmacksrichtung zu erwarten ist. Das attraktive Äußere spielt eine wichtige Rolle bei der Auswahl von Pralinen, die als besonders raffiniertes und verführerisches Naschwerk gelten. Getreu dem berühmten Motto von Forrest Gump halten wir uns beim Praliné-Muster an den Satz: Das Leben ist eine Pralinenschachtel.

Anders als Forrest Gump wissen wir aber, was wir bekommen. Und gerade dann, wenn uns das Zugeteilte überhaupt nicht gefällt, wenn wir vor einer Aufgabe zurückschrecken und diese mit negativen Assoziationen verbinden, ist das Praliné-Muster gefragt. Wir müssen das negative Bild, das mit der jeweiligen Aufgabe verbunden wird, möglichst schnell los werden und durch eine positive Assoziation ersetzen. Diese positive Assoziation ist die namensgebende Praline!

Wenn wir uns an die Ankertechnik erinnern, dann können wir hier davon sprechen, dass die nicht geschätzte Aufgabe falsch verankert ist. Diese falsche Verankerung müssen wir lösen und einen neuen Anker auswerfen. Der Trick dabei ist, unwillkommene Tätigkeiten, die wir so oder so erledigen müssen, mit einem positiven Reiz zu versehen. Das bedeutet, dass wir die unerwünschten Aufgaben langfristig mit einem guten Gefühl versehen. Sie fallen uns dann leichter und gehen schneller von der Hand. Sie bremsen unser Mindset nicht länger durch negative Schwingungen aus.

## 3.5 Keine Angst mehr vor dem bösen Wolf: Fast-Phobia

Wir alle haben Ängste. Viele dieser Ängste sind gar nicht real, sondern mit inneren Bildern verbunden. Zum Beispiel der sprichwörtlich gewordene böse Wolf: Nahezu jedes Kind lernt, sich vor dem bösen Wolf zu fürchten – aber praktisch kein Kind ist in unseren Breitengraden jemals einem echten Wolf begegnet. Höchstens bei einem Zoobesuch konnte vielleicht ein Blick auf ein solches Tier erhascht werden. Für die meisten modernen Menschen spielt der Wolf keine Rolle mehr.

Das weit verbreitete Schreckensbild vom bösen Wolf stammt aus einer anderen, längst vergangenen Lebenswirklichkeit. Trotzdem hat sich die Assoziation – der Anker! – bis heute erhalten. Das zeigt, wie hartnäckig Assoziationen sind – auch falsche –, und wie sehr es sich lohnen kann, diese zu überwinden und durch neue Anker zu ersetzen! Für die Entwicklung unserer Persönlichkeit kann die Überwindung alter Ängste einen enormen Schub geben und frische Kräfte freisetzen.

Die Lösung des Neuro-Linguistischen Programmierens ist ein Kinobesuch. Ein virtueller Kinobesuch, ein ausgedachter, den wir nur in unserem Kopf unternehmen. Mit geschlossenen Augen stellen wir uns vor: Wir sitzen auf unserem bequemen Sessel und schauen einen Schwarz-Weiß-Film, der nur aus einer einzigen Szene besteht. Jemand, der aussieht wie wir, erlebt die Situation, die uns Angst macht. Zum Glück sind wir es nicht selbst, es ist nur ein Double. Wir sehen zu, wie dieses Double genau das erfährt, vor dem wir uns fürchten – und wenn die furchterregende Situation ihren Höhepunkt erreicht, halten wir das Bild an. Es kommt keine Auflösung. Ein schwarz-weißes Standbild des Schreckens steht vor uns. Was jetzt?

Wir stehen auf! Wir gehen auf das Bild zu! Steigen in den Film hinein! Verschmelzen mit unserem Double! Wir sind jetzt mittendrin. Plötzlich wird der Film farbig, alles um uns wirkt greifbar real. Doch anstatt den Dingen ihren Lauf zu lassen, spulen wir den Film zurück. Zurück bis an die Stelle, wo die Welt noch in Ordnung war. Und genau an dieser Stelle, an der von der drohenden Gefahr noch nichts zu sehen ist, gehen wir aus dem Film heraus. Wir öffnen unsere Augen.

Das Ziel dieser Übung ist, die Kontrolle über unsere Angst, unsere unbegründete Phobie, zu gewinnen. Wir wiederholen diese Übung so lange, bis uns die Vorstellung keine Angst mehr macht. Wir haben die Situation aufgelöst, indem wir sie kontrolliert haben. Wenn das Gefühl der Furcht schwindet, haben wir gewonnen. Es ist ein Kampf des Geistes! Die Gefahr ist nicht gegenständlich!

Wir dürfen nicht vergessen: Phobien sind keine begründeten Ängste. Es droht nicht wirklich eine konkrete Gefahr. Phobien entspringen eher überreizten und übersteigerten Vorstellungen. Sie sind Phantastereien, und je weniger Zeit und Kraft wir mit ihnen vergeuden, desto besser ist es.

## 3.6 Mit Spiegeln und Pacing zum Rapport

Kommunikation findet immer mit einem Gegenüber statt. Erfolgreiche Kommunikation wird diesem Gegenüber gerecht, geht auf ihn ein und findet eine Sprache, die das Gegenüber versteht. Selbstverständlich hat sich auch das Neuro-Linguistische Programmieren dieser Frage gestellt. Die angestrebte positive Beziehung zum menschlichen Gegenüber wird als Rapport bezeichnet.

Für den Aufbau von Rapport gibt es zwei wesentliche Techniken: Zum einen Spiegeln wir die Sprache unseres Gegenübers. Wir lächeln zurück, wir schauen ernst, wenn Ernstes berichtet wird, wir reflektieren die Gestik mit Armen und Beinen, beobachten die Atmung und ganz allgemein den Rhythmus unseres Gegenübers.

Das Spiegeln wird auch Pacing genannt (von englisch to *pace* = »im Gleichschritt gehen«). Obwohl beide Techniken mitunter auch getrennt aufgeführt werden, sind sie doch nicht scharf voneinander zu trennen. Während beim Spiegeln mehr die Gestik im Vordergrund steht, ist es beim Pacing die Bewegung: Sprech- und Atemrhythmus, das Lauftempo.

Beide Techniken haben den Rapport zum Ziel. Der Rapport ist wichtig, weil er die Verbindung zwischen zwei Gesprächspartnern beschreibt. Ein Beispiel aus der Technik: Wenn das Telefonnetz gestört und der Empfang schlecht ist, dann verstehen die Gesprächspartner einander kaum. Sie liegen im technischen Sinn nicht auf gleicher Welle. Im übertragenen Sinn spricht man auch bei zwei Menschen, die kommunikativ nicht gut miteinander zurechtkommen, davon, dass sie nicht auf einer Welle liegen. In der Sprache des NLP: Sie haben einen schlechten Rapport.

Ein guter Rapport ist die Voraussetzung für eine gelingende Kommunikation. Einen solchen guten Rapport herzustellen, ist das Ziel von Spiegeln und Pacing. Es geht darum, einen Gleichklang zu finden, ein harmonisches Verhältnis der Töne zueinander. Auf diese Weise nehmen wir unser Gegenüber für uns ein, schaffen Vertrauen und öffnen die Tür, durch die wir im Folgenden gehen wollen. Aber da sind wir bei einer anderen Technik: dem Leading.

## 3.7 Ein guter Rapport führt zum Leading

Natürlich ist der Sinn der Neuro-Linguistischen Programmierung nicht, dass wir einfach als fleischgewordenes Spiegelbild unserer Gesprächspartner fungieren. Das Spiegeln und das Pacing sind nur Mittel zum Zweck: Wir wollen einen guten Rapport aufbauen, eine positive zwischenmenschliche Beziehung. Denn nur diese ermöglicht uns die Anwendung der nächsten Technik: das Leading.

Auch Leading kommt - wie so vieles beim NLP - aus dem Englischen: *To lead* bedeutet »führen« und gemeint ist in unserem Fall natürlich die Gesprächsführung. Denn eine gelingende Kommunikation möchte das Gegenüber an eine bestimmte Stelle führen. Wir wollen unseren Gesprächspartner in unsere Richtung bewegen – sonst wäre die ganze Mühe ja vergeblich und wenig zielführend.

Wenn wir durch Spiegeln und Pacing einen guten Rapport aufgebaut haben, können wir über die bloße Reflexion unseres Gegenübers hinausgehen und selbst Impulse setzen. Wenn wir merken, dass diesen Impulsen Folge geleistet wird, können wir diesen Weg vorsichtig weitergehen. Wenn wir hingegen feststellen, dass der Rapport sinkt, sollten wir wieder zum Spiegeln und Pacing zurückkehren – und das so lange tun, bis wir das gewünschte Level an Rapport erreicht haben.

## 3.8 Wer genau beobachtet, sieht mehr: Das B.A.G.E.L.-Modell

Das B.A.G.E.L.-Modell wurde von dem bekannten NLP-Trainer Robert Dilts entwickelt. Es beschäftigt sich mit der physiologischen Analyse des Menschen. Das Kunstwort setzt sich zusammen aus den englischen Einzelbegriffen *Body Posture* = Körperhaltung, *Accessing Cues* = Zugangshinweise, *Gestures* = Gestik, *Eye movements* = Augenbewegungen und *Language Patterns* = Sprachmuster. In einfachen Worten zusammengefasst: Wir spielen Detektiv, beobachten unser Gegenüber möglichst genau und achten auf bestimmte körperliche Merkmale, die viel über den Gemütszustand des Gegenübers verraten.

Die Körperhaltung ist eines dieser Indizien. Tatsächlich ist die Körpersprache so wichtig, dass wir ihr später ein eigenes Kapitel widmen werden. Auch die Gestik und die Augenbewegungen spielen eine Rolle. Steht jemand aufrecht da, verschränkt er die Arme vor der Brust, rollt er mit den Augen, kneift er sie zusammen, zucken die Lider, sind die Hände offen oder zur Faust geballt? All das sind Hinweise zur Befindlichkeit eines Menschen, sie eröffnen uns einen Zugang zu ihm – wenn wir sie richtig deuten und nutzen. Dafür müssen wir sie vor allem in der Zusammenschau sehen.

Der Grundgedanke, der hinter dem B.A.G.E.L.-Modell steht, ist die These, dass der Mensch immer nach seinem Gesamtbild erfasst und bewertet werden muss. Einzelne dieser Zugangshinweise (auch mit dem englischen Begriff *Accessing Cues* bezeichnet) dürfen nicht losgelöst betrachtet werden, sondern müssen mit möglichst vielen weiteren Hinweisen kombiniert werden, um ein rundes Bild zu erzielen. Mit ein wenig Übung lernen wir auf diese Weise schnell, einige erste Schlüsse über die Gemütsverfassung eines Menschen zu ziehen, die uns den Einstig in die Kommunikation erleichtern.

Gerade zu Anfang fällt uns die richtige Einordnung und die blitzschnelle Erfassung womöglich schwer – wir sind ja nicht Sherlock Holmes, der all diese Dinge auf einen Blick wahrnimmt. Aber Übung hilft hier weiter und es ist nicht schlimm, wenn bestimmte Reize erst einmal kalibriert werden müssen. Wenn wir uns anfangs täuschen, macht das nichts – so lange wir nur am Ball bleiben und diese sehr nützliche Technik immer weiter verfeinern.

## 3.9 Wer das Ziel kennt, findet einen Weg: Die SMART-Methode

Navi-Systeme in modernen Fahrzeugen sind eine feine Sache. Wir brauchen in der Regel nur das Ziel anzugeben und schon bekommen wir einen Weg gezeigt. Meistens klappt das ganz gut, so lange wir uns genau an die Anweisungen halten. Manch einer ist allerdings auch schon in einem Fluss gelandet. Um ein Navi richtig zu nutzen, braucht es aber immer die exakte Eingabe eines konkreten Zieles. Eine nur ungefähre Richtungsangabe reicht nicht aus. Wir müssen wissen, wohin wir wollen!

Im Leben ist das nicht immer so einfach wie im Straßenverkehr (und auch da ist es oft schwer genug). Im Leben sind wir oft schon froh, wenn wir in etwa wissen, in welche Richtung es geht. Dabei hätten wir es deutlich leichter, wenn wir genau wüssten, wohin wir wollen! Bei der exakten Bestimmung und dem Erreichen unseres Zieles hilft uns die SMART-Methode, eine weitere bewährte NLP-Technik, die uns dabei helfen soll, das Wesentliche in den Fokus zu bekommen und störende Nebenschauplätze zu ignorieren.

Das Kurzwort SMART steht dabei für die Einzelbegriffe:

- **S**pezifisch
- **M**essbar
- **A**ttraktiv
- **R**ealistisch
- **T**erminiert

Diese Einzelbegriffe wurden nicht nur ausgewählt, um die Abkürzung möglichst griffig zu machen, sie haben durchaus ihren Sinn.

**Spezifisch** meint ein spezifisches Bild des konkreten Zieles, eine Art Einkaufszettel – es kann übrigens sehr hilfreich sein, diesen Vergleich wörtlich zu nehmen und das Ziel mit all seinen Eigenschaften schriftlich zu fixieren. Ein vielleicht noch besserer Vergleich wäre der Wunschzettel der Kinder zu Weihnachten. Da stehen ganz konkret sehr viele Ziele darauf – aber in der Regel steht fest, dass nicht alle Einzelheiten erfüllt werden können.

**Messbar** meint die messbaren Möglichkeiten, die zur Verwirklichung des spezifischen Ziels zur Verfügung stehen. Im Falle des kindlichen Wunschzettels wäre damit das Budget der Eltern und Großeltern und sonstigen wohlmeinenden Familienmitgliedern und Freunden gemeint. Durch die Gegenüberstellung dieser beiden ersten Werte wird sich möglicherweise (oder auch sehr wahrscheinlich) eine erste Ernüchterung einstellen, weil das messbare Budget für die spezifischen Ziele nicht in vollem Umfang ausreicht. Ein weiteres Kriterium muss also her!

**Attraktiv** bezieht sich im wahrsten Sinne des Wortes auf die Anziehungskraft des spezifischen Zieles. Wie attraktiv ist das Ziel wirklich? Ist es uns ein echtes Herzensbedürfnis, eine drängende Sehnsucht oder steht eher ein äußerer Erwartungsdruck dahinter? Wie sehr wollen wir etwas? Kinder setzen manchmal auf ihrem Wunschzettel schon Prioritäten oder bilden eine Reihenfolge, um deutlich zu machen, welche Sache sie am meisten wollen. (Leider ist das selten der günstigste Posten auf der Liste ...) In jedem Fall werden die tatsächliche Wertigkeit und Wichtigkeit eines Zieles auf diese Weise ermittelt.

**Realistisch** ist der Wert, der sich aus dem Verhältnis der bisher genannten Kriterien ergibt. Wenn wir das spezifische Ziel dem messbaren Budget gegenüberstellen, gibt es in der Regel eine Diskrepanz zu dem, was für unseren Handlungsrahmen realistisch ist. Mit Hilfe der Attraktivität gelingt es uns, das realistische, also das wirklich erreichbare Ziel zu ermitteln. Außerdem geht es um die Bezugsquellen: Wo kann man das, was die Kinder wollen, kaufen? Kann man es überhaupt kaufen? Ist ein Wunsch womöglich gar nicht zu erfüllen? (Wenn sich ein Kind ein Haustier wünscht: Ist das in der Familie überhaupt möglich und gewollt? Wenn ja: Wünscht sich das Kind ein realistisches Haustier? Ein Löwenbaby ist niedlich, aber kaum realistisch.)

**Terminiert** werden muss schließlich der Zeitpunkt, der zeitliche Rahmen, in dessen Grenzen das Erreichen des Zieles, die Erfüllung des Wunsches, stattfinden muss. Im Falle unseres Beispiels ist das sehr einfach: das Weihnachtsfest: Die Geschenke für die Kinder müssen bis zum 24. Dezember im Haus und möglichst nett verpackt (und gut versteckt) sein – sonst gibt es unter dem Christbaum lange Gesichter. Einfach auf Ostern verschieben ist nicht – der zeitliche Rahmen bis zum Erreichen des Zieles ist in diesem Fall also klar terminiert.

Wir merken es schon beim ersten Durcharbeiten der einzelnen Punkte: Wenn wir unsere vielleicht noch etwas vagen Vorstellungen und Erwartungen nach diesen Kriterien abklopfen, schält sich bald ein konkreter Plan heraus, eine Struktur, mit der wir arbeiten können. Das ist der Sinn von NLP.

## 3.10 Ein Problem, viele Facetten: Die Diamond-Technik

Mit der Diamond-Technik lösen wir keine Probleme – wir lassen sie verschwinden. So jedenfalls der Grundgedanke, der die Diamond-Technik eher zu einer Ergänzung als zu einem Kerninhalt macht. Trotzdem ist sie sehr nützlich, wenn sie richtig angewandt wird.

Ein Diamant besitzt viele Facetten, er glänzt und glitzert und kann aus verschiedenen Blickwinkeln betrachtet werden, wobei er auch Form und Linie variiert. Wir nehmen als Fixpunkte das Ziel und das Problem und beginnen, den Diamanten zu drehen, wodurch wir verschiedene Blickwinkel und Linien hinzugewinnen. Das Ziel dabei ist, andere Gesichtspunkte und Blickwinkel herzustellen, um so ein Problem, das zunächst unlösbar erschien, vielleicht sogar gänzlich von der Bildfläche verschwinden zu lassen.

Wir ziehen zunächst Linien vom Problem zum Ziel und fragen uns dann: Was haben Problem und Ziel gemeinsam? Was verbindet sie? Und was liegt jenseits davon? Im Idealfall ergeben sich neue Wege und Verbindungen, die uns das Ziel erreichen lassen, ohne dass wir uns dem Problem stellen müssen.

In der Praxis kann das ganz einfach so aussehen, dass wir eine konkrete Situation, die wir als schwierig und belastend empfinden, immer wieder von Neuem durchspielen und dabei verschiedene Wege zur Lösung probieren. Durch das ständig wiederholte Erleben der Situation in unterschiedlichen Variationen sind wir irgendwann imstande, diese zu beherrschen – und haben möglicherweise einen ganz neuen Weg zum Ziel gefunden. In jedem Fall hat das Problem aber viel von seinem

Schrecken verloren – und auch der Abbau von Ängsten ist schließlich ein Ziel von NLP.

Darüber hinaus fördert die Diamond-Technik natürlich auch die Kreativität – schließlich ist unsere ganze Vorstellungskraft gefordert, wenn es darum geht, immer neue Linien zu ziehen.

## 3.11 Schneller Szenenwechsel: Die Swish-Technik

Wenn wir ins Kino gehen, dann wird vor Beginn des Films der Saal abgedunkelt und die Leinwand rückt in den Mittelpunkt. Alle Augen sind darauf gerichtet, wenn sich in wechselnder Szenenfolge die Handlung entspinnt. So ähnlich funktioniert die Swish-Technik, bei der es darum geht, einen schnellen inneren Szenenwechsel vorzunehmen: Das Negative wird durch das Positive ersetzt, statt des Drachen stellen wir uns den Drachentöter vor.

Richard Bandler, einer der Gründer des Neuro-Linguistischen Programmierens, war so überzeugt von der Swish-Technik, dass er sie als eine der wirksamsten überhaupt bezeichnet hat. Im Wesentlichen geht es wirklich um den schnellen Austausch zweier innerer Bilder: Dabei wird das Problem, die ungute und gefährliche Situation, durch ein positives Bild ersetzt, oft unter Zuhilfenahme der bereits vorgestellten und bewährten Ankertechniken.

Die Swish-Technik ist dazu prädestiniert, schlechte Angewohnheiten zu überwinden und abzulegen. Zum Beispiel das berühmte Bedürfnis, vor dem Fernsehen zu knabbern. Oder zur Fußballübertragung immer ein Bier zu trinken. Mit der Swish-Technik lassen wir jetzt das Bild vom Knabberzeug, das uns bei dem Gedanken ans Fernsehen in den Sinn kommt, ganz klein und dunkel werden, während ein neues Bild, vielleicht von einer Tasse Tee oder einem Glas Wasser, ganz groß und hell wird. Es findet also ein bewusster Austausch statt, nicht einfach das Aus- und Einblenden. Das Verkleinern und Abdunkeln des unerwünschten Bildes sollte dabei so schnell vor sich gehen, wie man braucht, um Swish zu sagen.

Die Swish-Technik setzt ihren Schwerpunkt auf das Ersetzen unerwünschter Bilder. Das Aus- bzw. Einblenden muss mehrmals wiederholt werden. Unter Umständen kann es eine hilfreiche bzw. verstärkende Maßnahme sein, wenn wir uns selbst in das gewünschte helle Bild hineinprojizieren.

## 3.12 Drei Vorbilder sind besser als eines: Die Mentor-Technik

Mentor war im antiken Mythos der Lehrer von Telemachos, dem Sohn des berühmten Heroen Odysseus, und diesem ein verlässliches Vorbild und eine starke Stütze. Bisweilen schlüpfte die weise Göttin Athene selbst in seine Gestalt, um Odysseus und Telemachos beizustehen. Demzufolge verstehen wir unter Mentor heute einen wichtigen Lehrer und ein Vorbild.

Ähnlich wie beim Modellieren der Urtechnik des NLP, suchen wir uns auch bei der Mentor-Technik ein Vorbild. Oder besser gesagt: drei Vorbilder. Drei Mentoren wählen wir uns aus. Dabei kann es sich um tatsächliche Personen aus der Gegenwart oder Vergangenheit sein oder um fiktive Gestalten, zum Beispiel aus einem Roman oder aus einem Film. Wichtig ist hier nur die Dreizahl, wobei es je nach Fall auch zwei Mentoren tun können.

Jetzt benennen wir ein konkretes Problem, mit dem wir uns konfrontiert sehen, und durchleben diese unangenehme und herausfordernde Situation so intensiv und detailliert wie möglich. Dabei halten wir uns strikt an unsere eigene Persönlichkeit. Wir versuchen, das Problem auf unsere eigene Weise zu lösen und überlegen, wie weit wir damit wohl kommen.

Dann verlassen wir diese Situation und bitten unsere Mentoren um Rat. Das tun wir, indem wir uns möglichst authentisch in unsere ausgewählten virtuellen Ratgeber hineinversetzen. Wir stellen uns vor, was uns jeder Mentor zu der konkreten Situation sagen würde. Dabei bemühen wir uns, so dicht wie möglich an der Persönlichkeit des jeweils Befragten zu orientieren.

Wenn wir diese Übung sorgsam genug durchführen, schärfen wir nicht nur unser logisches Denkvermögen, unsere Argumentationskunst und unsere Kreativität, sondern wir gewinnen auch unterschiedliche Standpunkte und Lösungsansätze für ein bestimmtes Problem. Damit erhöht sich die Wahrscheinlichkeit, dass wir einen guten Ausweg für eine konkrete Herausforderung finden.

Letzten Endes ist die Mentor-Technik nichts anderes als eine ausgereifte und etwas komplexere Version der alten Frage, die sich schon viele Kinder in ihrem Leben gestellt haben: Was würde mein Vater, was würde meine Mutter in dieser Situation tun?

## 3.13 Fünf Sinne hat der Mensch: Das VAKOG-Modell

Bei dem VAKOG-Modell geht es um die fünf Sinne, auch Wahrnehmungskanäle genannt, die jedem gesunden Menschen angeboren sind. Auch **VAKOG** ist ein Kürzel für mehrere Einzelbegriffe:

- **V**isuell (Sehen)
- **A**uditiv (Hören)
- **K**inästhetisch (Fühlen)
- **O**lfaktorisch (Riechen)
- **G**ustatorisch (Schmecken)

Natürlich hätten wir einfach die deutschen Begriffe wählen können, aber dann klingt das Kürzel nicht mehr so griffig – und vergessen wir nicht, dass das Neuro-Linguistische Programmieren aus den USA stammt.

Auch wenn alle gesunden Menschen über dieselben fünf Sinne verfügen, gibt es oft individuelle Präferenzen, das heißt, manche Menschen setzten bestimmte Sinne häufiger ein als andere. Dieser Umstand ist auch in der Wissenschaft bekannt und anerkannt. So gibt es zum Beispiel ausgeprägt visuelle Menschen, die sich bei ihrer Wahrnehmung vor allem auf das Sehen fokussieren.

Warum ist das für uns wichtig? Weil das Wissen um die Sinnespräferenzen eines Menschen für eine gelingende Kommunikation essenziell ist. Einen visuell orientierten Menschen wird man mit viel Text ohne Bilder sehr wahrscheinlich bald verlieren. Unsere Sinne sind von entscheidender Wichtigkeit, weil wir mit ihnen die Welt wahrnehmen. Sie beeinflussen also unmittelbar unser Weltbild.

Es liegt auf der Hand, dass Menschen mit unterschiedlichen Sinnesvorlieben (wir sprechen hier von Repräsentationssystemen) schnell aneinander vorbeireden können. Gerade das wollen wir bei NLP aber unbedingt verhindern! Denn unsere Kommunikation soll ja nach Möglichkeit ins Schwarze treffen. Wie finden wir aber heraus, ob ein Mensch visuell, auditiv, kinästhetisch, olfaktorisch oder gustatorisch orientiert ist?

Auch hier gilt die alte Weisheit: Ihre Sprache verrät sie. Zumindest bietet die Sprache einen guten Ansatz, um die Frage nach der Sinnespräferenz zu beantworten. Die ganz banale Frage: Können Sie mir dies oder jenes *zeigen*?, verweist bereits auf einen visuell orientierten Menschen. Auch gängige Formulierungen wie: Wir müssen weitersehen, verweisen auf einen visuellen Schwerpunkt. Auditive Menschen würden hingegen eher sagen: *Erzählen Sie* mir mehr! Oder: Das *klingt gut*. Kinästhetisch orientierte Menschen sagen: Wir wollen nichts überstürzen! Ich habe ein schlechtes *Gefühl* dabei! Olfaktorisch geprägte Menschen können hingegen etwas nicht *riechen*, gustatorische Menschen erklären, dies oder jenes *schmecke* ihnen nicht.

Das sind banale Beispiele, die wir an vielen Stellen schon unzählige Male gehört, aber nie als Indiz für eine Sinnespräferenz wahrgenommen haben. Wenn wir aber anfangen, auf solche Signalwörter zu achten, hilft uns das enorm dabei, unser Gegenüber einzuschätzen – und unsere Kommunikation darauf auszurichten.

Wir müssen die VAKOG-Methode übrigens nicht gleich im echten Gespräch erproben. Sie lässt sich sehr gut »trocken« üben. Zum Beispiel an Liedtexten, an Film- und Fernsehdialogen. Wir hören zu und versuchen, so viele VAKOG-Begriffe wie nur möglich herauszufiltern.

## 3.14 Atemholen gegen Stress: Rapid Relaxation

Stressige Situationen, vor allem wenn sie unvorhergesehen auftreten, können uns regelrecht lähmen und an sinnvollen Handlungen hindern. Deshalb ist es wichtig, dass wir in solchen Situationen so schnell wie möglich die Kontrolle wieder zurückgewinnen. Am besten wissen wir schon im Vorfeld, wie wir uns verhalten, wenn uns eine Stresssituation zu überfordern droht.

Eine Möglichkeit ist es, bewusst innezuhalten, tief und gleichmäßig aus dem Bauch heraus zu atmen, die Augen zu schließen und an etwas Schönes zu denken. Dabei hilft auch die Wiederholung des Mantras: »Es geht mir gut«. Hier geht es nicht darum, komplexe Szenarien und Abläufe zu schaffen, sondern um ein möglichst griffiges, schnell zu erzeugendes Bild, um einen kurzen und prägnanten Satz, eine knappe Formel, die schnell rezitiert und eingängig zu merken ist: »Es geht mir gut. Es ist alles in Ordnung. Ich habe alles unter Kontrolle.«

Es gibt viele verschiedene Techniken, um in einem bestimmten Augenblick wieder zur Ruhe zu kommen und die innere Balance wiederzufinden. Auch andere Übungen sind möglich. Wichtig ist nur, dass wir wissen, wie sie auszuführen sind, damit wir sie im konkreten Moment ohne viel Nachdenken sofort ausführen können. Denn die Ruhe im richtigen Augenblick kann entscheidend sein über Erfolg oder Misserfolg und uns eine wichtige Tür öffnen oder schließen.

## 3.15 Schluss mit heimlichen Fesseln: Das Meta-Modell

Der Name Meta-Modell bezieht sich auf die Grundannahme der Sprachwissenschaft, dass es sich bei unserer Sprache um eine subjektive Abbildung der Wirklichkeit handelt, eben um eine Meta-Ebene. Da wir diese Meta-Ebene durch unsere Sprache subjektiv erzeugen, können wir sie dabei auch – wissentlich oder unwissentlich – verfremden. Gerade da liegt der Haken!

Das Meta-Modell geht davon aus, dass unser täglicher Sprachgebrauch voll von heimlichen Fesseln ist, die uns an einer freien kommunikativen Entfaltung behindern. Besonders bekannt ist die Generalisierung, ein Pauschalurteil, das unsere Beweglichkeit und Flexibilität erheblich einschränkt und kommunikativ als Todsünde zu bezeichnen ist, die häufig Ursache für eskalierende Konflikte ist: »Du lässt mich nie ausreden! Du vergisst immer, die Tür abzuschließen.« Derartige Pauschalanklagen werden vom Adressaten zumeist als ungerecht empfunden und tragen nichts zur Konfliktlösung bei.

Wir haben wahrscheinlich selbst schon unsere Erfahrungen mit derartigen Vorwürfen gemacht und sie mit Sicherheit als zutiefst ungerecht empfunden. Eine gute kommunikative Strategie sind sie jedenfalls nicht! Das gilt auch für die Verzerrung, die Inhalte verzerrt wiedergibt – ein beliebtes Procedere in der Boulevard-Presse, wo es allerdings mit Vorsatz geschieht.

Die Tilgung wiederum ist der Verzerrung ähnlich, indem sie einfach Dinge unterschlägt, die eigentlich zum Gesamtbild gehören, von der Sprache aber bewusst oder unbewusst nicht abgebildet werden. Durch das Wegfallen einer bestimmten Information entsteht auf der Meta-Ebene eine größere Bedrohung, als es in der Wirklichkeit der Fall ist.

Wir müssen uns derartige Fesseln unserer Sprache bewusst machen. Soweit es uns selbst betrifft, sollten wir mit Fleiß daran arbeiten, sie so weitflächig wie möglich zu vermeiden. Sie behindern uns nur bei unserer Kommunikation mit anderen. Gleichzeitig sollten wir aber auch unsere Sensoren schärfen für derartige Sprachfesseln bei der Kommunikation mit anderen. Unser Ziel muss sein, möglichst elegant und unbeschadet darüber hinwegzugehen – schließlich verbirgt sich dahinter kein valider Vorwurf, der uns treffen könnte; die Pauschalisierungen geschehen in der Regel unbewusst.

Trotzdem bieten sie uns einen wertvollen Ansatz, um das Gespräch in unserem Sinne voranzutreiben. Wenn wir derartige Knebel nämlich kennen und erkennen, dann können wir sie mit gezieltem Nachfragen nicht nur auflösen, sondern in eine Brücke umwandeln. Bei Generalisierungen geht das beispielsweise durch einfaches Nachfragen: »Wirklich immer? Wirklich alle? Wirklich überall?« Das Ziel ist ein Aufsprengen des Riegels und eine kommunikative Weiterverarbeitung der Information hin zu mehr Präzision und weniger Graustufen. Hilfreiche Information statt wahlloser Allgemeinplätze lautet die Devise.

Wir gewöhnen uns also auf der Grundlage des Meta-Modells an, die Aussagen unseres Gegenübers (und auch unsere eigenen Standpunkte) zu hinterfragen, in der Reihenfolge: 1. Generalisierung, 2. Verzerrung, 3. Tilgung. Diese Struktur hat sich in der Praxis bewährt. Damit erschüttern wir die These unseres Gesprächspartners, die wir in der Folge durch eine eigene These mit ansprechender Begründung ersetzen. Damit sind wir übrigens wieder beim Leading (siehe 3.7).

## 3.16 Die Kunst der Unverbindlichkeit: Das Milton-Modell

Das Milton-Modell ist im Wesentlichen eine Umkehrung des Meta-Modells, das wir gerade kennengelernt haben. Jetzt geht es nicht um mehr Präzision, nicht um das Schürfen nach Informationen, sondern um gezielte Unschärfe. Diese gewollte Unschärfe hat natürlich ihren guten Grund: Wir möchten gerne möglichst viele Menschen abholen.

Präzision und Tiefe haben ihre Vorzüge, aber eines muss klar sein: Je spezifischer und greifbarer wir uns äußern, desto spezifischer und greifbarer wird auch unser Publikum. Im kleinen Kreis ist das von Vorteil, können wir unser Gegenüber doch genau da abholen, wo es sich befindet. In großer Runde ist es aber eher schwierig, weil es dabei zwangsläufig zu Verlusten kommt. Ein Berufsstand, der sich dieses Problems voll und ganz bewusst ist, ist die Politik: Hier beherrschen viele Akteure die Kunst der Unverbindlichkeit, des Sich-nicht-festlegens.

Das bedeutet vor allem, dem Zuhörer Raum für Interpretationen zu lassen. Das berühmte Motto Yes, we can! des früheren US-Präsidenten Barrack Obama ist ein gutes Beispiel dafür. Was wir denn nun eigentlich können und wer dieses ominöse Wir überhaupt ist –, das konnten sich viele Millionen von amerikanischen Wählern nach eigenem Gusto selbst aussuchen. An der Griffigkeit und Überzeugungskraft des an sich mehr als unverbindlichen Slogans änderte sich durch die fehlende Faktenunterfütterung nichts.

Beim Milton-Modell arbeiten wir auch gezielt mit Generalisierungen, Verzerrungen und Tilgungen aus dem Meta-Modell, um ungewollte Konkretisierungen zu vermeiden. Wir nutzen suggestive Formulierungen, die zu Handlungen anregen, ohne ins Detail zu gehen, wie zum Beispiel: »Das musst du erlebt haben! Das kann man nicht beschreiben!«

Auf diese Weise vollziehen wir ein effektives Pacing (siehe 3.6), das es uns erlaubt, die unbewussten Ressourcen unserer Zuhörerschaft zu erschließen.

## 3.17 Der Rahmen macht das Bild: Framing und Re-Framing

Das Reframing ist eines der wichtigsten Werkzeuge von NLP. Wenn wir etwas – eine Sache, eine Situation, eine Person – in einen bestimmten Rahmen setzen (englisch *frame*), verleihen wir ihm einen bestimmten Kontext, eine Bedeutung. Das Reframing geht über das Framing hinaus, indem es eine gezielte *Bedeutungswandlung* vornimmt. Das Reframing ist ein unverzichtbares Hilfsmittel, wenn es darum geht, Dinge aus einem anderen Blickwinkel zu betrachten.

Besonders häufig wird das Reframing mit Hilfe des **Six-Step-Reframings** vorgenommen, also in einem sechs Schritte umfassenden Prozess. Der **erste Schritt** ist dabei die Identifikation des Problems, zum Beispiel einer unerwünschten Verhaltensweise. Außerdem sollte nach Möglichkeit der Auslöser des Problems erkannt werden. Der **zweite Schritt** ist die Kommunikation nach innen, die Befragung des eigenen Selbst: Sind wir persönlich für das Problem verantwortlich? Der **dritte Schritt** überprüft die Motivation: Steckt eine positive

Absicht hinter dem Auslöser des Problems? Welche Absicht, welches Ziel ist das? Der **vierte Schritt** nimmt die eben ermittelte positive Absicht und versucht, sie mit einem alternativen Weg zu erreichen. Dafür wird unsere ganze Kreativität benötigt. Der **fünfte Schritt** prüft die neue Lösung auf langfristige Umsetzbarkeit. Der **sechste Schritt** übernimmt die entwickelte und geprüfte Verhaltensweise für die Zukunft – diesen Schritt nennt man auch *Future Pace*.

Das Six-Step-Reframing ist vor allem auf unerwünschte Verhaltensweisen ausgelegt, die wir uns zwar angewöhnt haben, deren Sinn und Zweck uns aber nicht bewusst ist. Indem wir diesen Sinn ermitteln und ihn mit einer neuen und besseren Alternative versehen, können wir das unerwünschte Verhalten ablegen.

## 3.18 Auf den Kern kommt es an: Core-Transformation

Bei der Core-Transformation geht es um den Kern, um das aufrichtigste, authentischste, ehrlichste innere Fühlen und Handeln. Es ist sozusagen eine Reise zum Mittelpunkt der Welt, wobei wir selbst die Welt sind. Die Core-Transformation erstreckt sich über fünf Zustände:

- **1. Ruhig sein:** Hier geht es um die Erfahrung des Hier und Jetzt in völliger Ruhe.
- **2. Innerer Frieden:** Wir horchen in uns hinein und bemühen uns um einen entspannten Einklang.
- **3. Liebe:** Wir lassen bedingungslose Liebe zu.
- **4. Okay-Sein:** Wir akzeptieren uns in einem gesunden Maß selbst.
- **5. Verbundenheit:** Wir verbinden uns mit anderen, streben ein völliges Einssein an.

Für eine gelingende Core-Transformation müssen wir das »Problem in uns« erkennen, auswählen und bewusst als Teil von uns anerkennen. Selbstverleugnung hilft hier nicht weiter. Der »Fehler im System« ist ein Teil von uns, er gehört zu uns, wir müssen ihn annehmen, bevor wir ihn verändern können. Ist das geschehen, müssen wir ihn ganz in guter alter NLP-Tradition hinterfragen. Wie immer wollen wir seine Absicht in Erfahrung bringen. Im nächsten Schritt wollen wir diese Absicht zu einer ganzen Kette ausformen. Wenn die Absicht verwirklicht wurde, was wird die Folge sein? Und was wird die Folge der Folge sein? Diesen Schritt müssen wir so oft wiederholen, bis wir an das Ende der Kette gelangen.

Halten wir die ganze Kette in der Hand, ist es an der Zeit, innezuhalten. Für einen Augenblick (oder auch mehrere) ziehen wir uns in unseren Core-Zustand zurück, also in unseren Kern, angefüllt mit einem Zustand der absoluten Ruhe. Wir genießen diesen Zustand so bewusst wie möglich und so lange wie nötig und machen aus diesem machtvollen Moment der Ruhe heraus den nächsten Schritt: die behutsame Revidierung der Ergebniskette. Aus der Perspektive des ruhigen Core-Zustandes heraus stellen wir die einzelnen Kettenglieder auf den Prüfstand und fragen nach, welchen Effekt sie auf das angestrebte Gefühl der vollkommenen Erfüllung haben.

Wir greifen einen Teil heraus und lassen ihn reifen, immer älter werden, sich entwickeln, bis er so alt ist wie wir selbst. Dann integrieren wir diesen Teil völlig in unserem Körper und nehmen ihn zum Maßstab und Orientierungspunkt für die übrigen Glieder der Kette. Jetzt geht es darum, mögliche Misstöne zu finden oder auch opponierende Teile, die uns daran hindern, mit der gesamten Kette wieder in den Core-Zustand einzutauchen. Diese Teile behandeln wir auf dieselbe Weise, wie wir das erwachsene Glied behandelt haben.

Diesen Prozess wiederholen wir so lange, bis wir wieder eine einheitliche Zeitlinie haben, die wir vor- und zurücklaufen lassen können. Dabei ist es wichtig, dass der Core-Zustand alle Abschnitte der Zeitlinie in jede Richtung durchdringt und prägt.

# 4. Körpersprache

Sprechen wird für gewöhnlich mit dem Mund und mit der Zunge in Verbindung gebracht. Tatsächlich sprechen wir aber auch auf andere Weise mit unserem Umfeld – oder besser: wir kommunizieren. Man spricht auch häufig von der nonverbalen Kommunikation. Viele intelligente Menschen vertreten die Ansicht, dass die Körpersprache die ehrlichere Art zu sprechen ist. Wir müssen die Körpersprache nicht nur verstehen, sondern auch so beherrschen, dass wir bei unseren Mitmenschen den Eindruck hervorrufen können, den wir uns wünschen, dass wir ganz einfach die richtige Botschaft senden.

## 4.1 Was ist Körpersprache?

Dieses Reden ohne Worte vollziehen wir durch unsere Mimik, unsere Gestik, unsere Haltung und Bewegung – kurz: durch unsere Körpersprache. Im Geschäftsleben ist sie ganz unverzichtbar und hat maßgeblichen Einfluss darauf, ob wir als kompetent, souverän und freundlich wahrgenommen werden. Wenn ein Chef ständig den Blick gesenkt hält, mit stotternder Stimme spricht und dazu noch an den Nägeln kaut, dann flößt das keinem Mitarbeiter Respekt und Vertrauen ein. Im Gegenteil: Ein solches Verhalten wird die Autorität des Chefs eher untergraben.

Es gibt eine bewusste und eine unbewusste Körpersprache. Oft kommunizieren wir mit Hilfe unseres Körpers, ohne dass wir uns dieser Tatsache bewusst wären. Wenn wir mit der Hand grüßen oder die Faust ballen, dann geschieht das in der Regel bewusst. Wenn wir unserem

Gegenüber mit den Augen ausweichen oder die Stirn runzeln, dann tun wir das fast immer unbewusst.

Wenn wir uns im Rahmen des Neuro-Linguistischen Programmierens mit der Körpersprache beschäftigen, dann geht es vor allem darum, uns diese Art der Kommunikation bewusst zu machen – und sie ebenso bewusst einzusetzen.

In der Stummfilmzeit, als das gesprochene Wort in Filmen noch aus technischen Gründen unmöglich war, bedienten sich die Schauspieler einer extrem akzentuierten, aus heutiger Sicht oft auf komische Weise übertrieben wirkenden Mimik und Gestik und auch die Bewegung waren auffallend, um den dargestellten Gefühlen und Absichten einen deutlichen Ausdruck zu verleihen. Was auf uns heute befremdlich wirkt, war damals die einzige Möglichkeit für die Schauspieler, mit ihrem Publikum zu kommunizieren – und das Publikum war daran gewöhnt und hat das übertriebene Spiel verstanden.

# 4.2 Die Macht der Körpersprache

Die Macht der Körpersprache sollten wir nicht unterschätzen. Oft entscheiden wir schon durch die Art unseres Eintretens in einen Raum, wie wir von unserem Umfeld wahrgenommen werden. Diesen Effekt sollten wir keineswegs unterschätzen. Wir brauchen ihn aber auch nicht zu fürchten – denn wir können ihn gut in unserem Sinne einsetzen.

Denn eines ist sicher: Die Körpersprache ist ein sehr machtvolles Instrument, das schon durch winzige Nuancen ganze Ketten von Empfindungen und Haltungen in Gang bringen kann. Je besser wir sie verstehen, desto leichter fällt es uns, sicher aufzutreten und auf positive Weise mit unserem Umfeld zu kommunizieren. Die Körpersprache ist keinesfalls ein erst mühsam zu erlernender Geheimcode, sondern zumindest in ihren unbewussten Grundsignalen ein Allgemeingut der weltweiten Menschheit. Sie wird allerdings nur selten wirklich bewusst eingesetzt und verstanden.

Allerdings gibt es im Bereich der erweiterten Körpersprache einzelne Gesten und Ausdrücke, die von Kultur zu Kultur unterschiedlich verstanden werden. Um Missverständnissen möglichst aus dem Weg zu gehen, müssen wir uns dieser Unterschiedlichkeiten bewusst sein. Körperhaltungen, die für uns ganz selbstverständlich und normal sind, können in einem anderen Kulturkreis als massive Beleidigung empfunden werden. Zum Beispiel das Übereinanderschlagen der Beine: Alltäglich bei uns, unter Arabern aber ein harter Affront, gilt doch die Fußsohle dort als unrein und darf dem Menschen nicht zugewandt werden.

Es ist sehr schwierig, eine Körpersprache zu erlernen, mit der man nicht aufgewachsen ist. Eigentlich ist es nahezu unmöglich. Trotzdem – und eigentlich umso mehr(!) – sollten wir uns vor Reisen in einen anderen Kulturkreis mit den dortigen Gepflogenheiten und eben auch der Körpersprache vertraut machen, um schlimme Fehler zu vermeiden. Denn die Körpersprache kann bei richtigem Gebrauch Brücken bauen – und bei falschem Gebrauch einstürzen lassen.

Das gilt allerdings längst nicht nur für fremde Kulturen, sondern auch für unsere eigene. Und gerade bei den Verhaltensmustern, mit denen wir von klein auf aufgewachsen sind, können wir einiges justieren und präzisieren. Wir können bekannten Fallstricken aus dem Weg gehen und unsere eigene Richtung bestimmen. Im Zweifel gilt beim Einsatz der Körpersprache immer: Weniger ist mehr. Wenn wir uns nicht sicher sind, wie wir ankommen, dann hilft eine gedämpfte Verwendung körperlicher Signale dabei, zumindest mögliche Fehler zu vermeiden.

# 4.3 Mimik

Ein Gesichtsausdruck verrät viel. Es gehört in unseren Breitengraden zu den selbstverständlichen Gepflogenheiten, dass wir einander das Gesicht zeigen. Ein gesunder Mensch kann mit seinem Gesicht eine große Bandbreite an Ausdrücken zeigen. Dieses Minenspiel nennen wir Mimik.

Besonders ausdrucksvoll sind unsere Augen. Es heißt nicht nur, dass wahre Liebe bei den Augen beginnt, es sind auch Blicke, die oft genug als Beleidigung und Angriff wahrgenommen werden. Dafür genügt schon ein längeres Starren. Häufig ist in Polizeimeldungen über tätliche Auseinandersetzungen zu lesen, die Beteiligten hätten sich durch Blicke provoziert gefühlt – unabhängig davon, ob das im Einzelfall immer den Tatsachen entspricht, zeigt dieser Umstand doch deutlich, welchen Stellenwert die Augen für die Mimik und damit die Körpersprache haben.

Nicht nur die Augen, sondern unsere gesamte Mimik ist ein Tor zu unserer Seele – oder zu unserem Gemüt, dessen emotionale Befindlichkeit sich am besten an den Gesichtszügen ablesen lässt. Das wissen auch Pokerspieler, die sich deshalb gezielt darum bemühen, durch ein unbewegtes, möglichst starres Gesicht keinerlei Regung zu zeigen und ihren Gegenspielern nichts zu verraten. Darauf basiert beim Pokerspiel das Bluffen und der geläufige Begriff Pokerface leitet sich davon ab. Es erfordert eine Menge Übung und Selbstbeherrschung, die eigenen Gesichtszüge so im Griff zu haben – denn in der Regel reagiert unsere Mimik schneller, als wir uns dessen überhaupt bewusst sind.

Für die Forschung ist die Mimik des Menschen deshalb besonders interessant. Seit vielen Jahren wird sie intensiv analysiert und in ein wissenschaftliches System überführt. Die konkreten Ergebnisse sind für viele Seiten interessant – unter anderem auch für die Filmindustrie in Hollywood, die damit ihre immer zahlreicher werdenden computeranimierten Charaktere lebensechter gestalten möchte. Wenn in modernen Blockbustern wie Star Wars oder Gladiator bereits verstorbene Schauspieler wieder in Erscheinung treten, dann hängt das Gelingen dieser Illusion stark von einer glaubhaften Mimik ab.

Auch in polizeilichen Verhören wird eine Analyse der Gesichtszüge immer wichtiger, um selbst gute Lügner anhand winziger und kaum merklicher Muskelveränderungen zu überführen. Wir sollten uns deshalb unserer Mimik so gut wie möglich bewusst sein und sie gezielt einsetzen, um den gewünschten Effekt zu erreichen. Hierfür kann es helfen, unsere Mimik vor dem Spiegel zu erproben, um ein sicheres Gefühl dafür zu bekommen.

## 4.4 Gestik

Wenn wir ein Fußballspiel anschauen, dann besteht normalerweise keine Chance, dass wir hören, was auf dem Platz zwischen Schiedsrichter und Spielern besprochen wird. Trotzdem sind Deutungsversuche möglich, weil die Spieler, Trainer und Schiedsrichter »wild gestikulieren«, wie es in der Reportersprache häufig heißt. Manche Gesten sind sogar einstudiert, um eine bestimmte Entscheidung des Schiedsrichters oder ein konkretes Ereignis wie eine Verletzung anzuzeigen. Als Eingeweihter erkennt man an den Arm- und Handbewegungen des Spielleiters, ob dieser auf Tor, Ecke oder Auswechslung entscheidet. Hierbei handelt es sich um einen definierten Code.

Aber auch ohne einen solchen Code ist die Gestik sehr wichtig und ein Schlüsselelement der Kommunikation. Wenn uns ein Fahrzeugteilnehmer im Straßenverkehr mit geballter Faust grüßt, dann wissen wir sofort, dass damit keine Anerkennung unserer Fahrweise verbunden ist. Der nach oben gestreckte Daumen wird hingegen in weiten Teilen der Welt als Zeichen der Zustimmung verstanden. Auch derartige Gesten werden bewusst ausgeführt, allerdings unbewusst besser verstanden als die ausgeklügelte und weniger eingängige Zeichensprache in unserem Fußball-Beispiel.

Unsere Hände bewegen sich aber auch während einer normalen Unterhaltung und senden dabei Signale aus, deren Wirkung wir uns vielleicht gar nicht bewusst sind, weil wir uns auf die richtigen Wörter und die gesprochene Aussage konzentrieren. Interessanterweise kommunizieren wir sogar dann unbewusst mit unseren Händen, wenn wir überhaupt keinen direkten visuellen Kontakt zu unserem Gesprächspartner haben – zum Beispiel am Telefon.

Auch Hörspiel- und Synchronsprecher, die häufig alleine vor einem Mikrofon stehen und für sich selbst spielen müssen, benutzen ihre Gestik, um ihr Spiel zu unterstützen. Die Forschung hat inzwischen herausgefunden, dass im Gehirn die für Sprache und Gestik zuständigen Zentren im selben Bereich angesiedelt sind und geht deshalb von einem Zusammenhang zwischen dem Sprechen und der Handbewegung aus. Wir können deshalb eine erfolgreiche Kommunikation nicht ohne Bezug auf die Gestik entwickeln. Das betrifft nicht nur den Ausdruck, sondern auch die Wahrnehmung – auch wenn diese oft noch unbewusster stattfindet als das Ausführen einer Gestik.

## 4.5 Haltung und Bewegung

Haltung ist mehr als sitzen, stehen oder lehnen, Bewegung mehr als gehen, laufen, rennen oder springen. Allein die Art des Stehens lässt schon einen ersten Aufschluss über die Befindlichkeit der jeweiligen Person zu. Ein armer Tropf steht mit zusammengesunkenen Schultern da, die Hände hängen kraftlos herab. Eine aufrechte Haltung demonstriert hingegen Selbstbewusstsein. Stehen sich zwei streitende Männer gegenüber, wird oft die Brust nach vorne gereckt und der Kopf leicht in den Nacken gelegt. Ein ähnliches Verhalten lässt sich auch bei manchen Tieren beobachten.

Überhaupt ist die Körpersprache der Geschlechter mitunter verschieden: Männer und Frauen können oft schon an ihrer Gangart erkannt werden. Bestimmte Körperhaltungen werden auch erlernt, um bewusst eine bestimmte Stimmung auszudrücken. Wenn ein Jugendlicher betont lässig in seinem Stuhl hängt, dann ist das kein unbewusster Körperreflex, sondern eine antrainierte Haltung, mit der er seine vermeintliche Coolness und innere Unabhängigkeit demonstrieren möchte. Wenn der Lehrer dann mahnend den Zeigefinger hebt, ist das übrigens auch eine Art von Körpersprache.

Ein steter Quell einer auffälligen Körperkommunikation sind Wrestling-Veranstaltungen. Dort gehört das Einstudieren bestimmter Bewegungsabläufe zum Grundprinzip. Allerdings sind die dabei gezeigten Posen eher nicht so sehr alltagstauglich. Zu einem vergnüglichen Studienabend taugen sie aber allemal. Auch sonst sind Sportveranstaltungen in Sachen Körperkommunikation sehr ergiebig, denn Sportler leben von Bewegung und kommunizieren auch viel über sie.

## 4.6 Nähe und Berührung

Menschen brauchen Nähe und Berührung. Viele Beziehungstherapeuten weisen darauf hin, dass wiederkehrende kleine Berührungen für eine gelingende Partnerschaft im privaten Bereich unerlässlich sind. Hier muss natürlich sorgsam darauf geachtet werden, in welchem Verhältnis wir uns zu unserem Gegenüber befinden. Gerade im beruflichen Alltag sind Berührungen sehr vorsichtig zu dosieren. Ungewollte Berührungen werden schnell als Übergriff empfunden und können zu unerquicklichen Auseinandersetzungen führen - allzu häufig auch vor Gericht.

Auch körperliche Nähe ist etwas, das von den verschiedenen Kulturen ganz unterschiedlich empfunden wird. Im asiatischen Raum wird eher auf größere Distanz Wert gelegt. Europäer, die sich unmittelbar vor ihrem Gesprächspartner aufstellen und sich ständig teilnahmsvoll zu ihm hin beugen, werden als unangenehm und aufdringlich empfunden. Umgekehrt ist in der orientalischen Welt eine weit größere körperliche Nähe üblich, die wiederum in Europa als unangemessen aufgefasst wird. Allerdings hat sich in den letzten Jahren auch in Europa das Küsschen und/oder die Umarmung zur Begrüßung durchgesetzt.

Freiwillige Nähe wird als Zeichen der Zuneigung gewertet - Umarmungen und Küsse sind dafür gute Beispiele. Mitunter kann körperliche Nähe aber auch als kritische Äußerung gewertet werden - wie im Falle einer Ohrfeige.

## 4.7 Kleidung und Schmuck

Kleidung und Schmuck sind keineswegs nur modische Accessoires, die ganz unseren persönlichen Vorlieben anheimgestellt sind. Das Tragen von Kleidung und Schmuck ist auch immer ein Akt der Kommunikation. Wir alle kennen die Tradition des Eherings, der anzeigt, dass der Träger vergeben ist.

Ein berühmtes und altes Beispiel ist auch der Ring, den Freimaurer tragen, um ihre Zugehörigkeit zu der Gemeinschaft anzuzeigen. Greifbarer und populärer sind wohl die Verkleidungen, die Jahr für Jahr zur Fastnacht getragen werden. Da werden nicht nur Kinder durch eine entsprechende Tracht plötzlich zu Astronauten, Polizisten oder Superhelden. Auch Erwachsene finden einen Heidenspaß darin, sich durch entsprechend ausgewählte Kleidung in eine andere Person zu verwandeln.

Dabei ist es ein allgemein akzeptierter Konsens, dass diese Verkleidungen nicht als ernst zu nehmende Statements zu werten sind. Selbst Polizei- und Feuerwehruniformen beziehungsweise die berühmt-berüchtigte Krankenschwesterverkleidung werden in dem Kontext von Karneval nicht für bare Münze genommen.

Anders sieht es aus, wenn wir im Alltag Menschen in Polizeiuniform oder einer ähnlichen typischen Berufskleidung antreffen. Wir wissen dann sofort, mit wem wir es zu tun haben. Auch Kinder lernen das schon früh und sind begeistert, wenn sie Spielzeugfiguren bekommen, die diesen Kleidungsstil nachahmen.

Die immer beliebter werdenden Superhelden, die längst vom Comic auf die große Leinwand übergesprungen sind und damit ein weltweites Millionenpublikum erreicht haben, sind gerade an ihrer individuellen Kleidung sofort zu erkennen. Angefangen mit dem rot-gelben S-Symbol von Superman über die ikonische Fledermaus von Batman bis hin zum Spinnennetz von Spider-Man – die Kleidung macht den Helden.

Auch im komischen Bereich ist dieses Prinzip bekannt: Was wäre Donald Duck ohne seinen legendären Matrosenanzug? Prinz Eisenherz ohne seine Pagenfrisur, die mittlerweile sogar vielerorts seinen Namen trägt? Tim und Struppi ohne die charakteristische Haartolle? Super Mario ohne seine Klempnerkleidung?

Eine wichtige Rolle für die Auswahl der Kleidung spielt der jeweilige Kulturraum. Während es zum Beispiel in westlichen Breitengraden in Ordnung ist, relativ freizügige Kleidung zu tragen, ist dies im orientalischen Raum stark verpönt. Bei manchen afrikanischen Kulturen hingegen wird der Unterleib mit langen Gewändern bedeckt, während die Brüste - auch von Frauen - ohne Scham gezeigt werden.

Manche Gruppierungen erkennen sich bereits an ihrer Kleidung, so die gern in Schwarz gehüllten Anhänger der Gothic-Szene. Schon bestimmte Marken können Aufschluss über den Träger geben. Das berüchtigte Beispiel der Neonazi-Modemarke Thor Steinar war in jüngster Zeit häufig Thema in den Medien. Für Uneingeweihte war die dahinterstehende politische Gesinnung auf Anhieb kaum zu erkennen.

# 5. Mythen über NLP

Das Neuro-Linguistische Programmieren ist eine Sache, von der viele Menschen zwar schon bereits gehört haben, von der sie aber nicht genau wissen, worum es sich eigentlich handelt. In einer derartigen Situation bilden sich schnell und gerne Legenden. Sachverhalte werden behauptet, die mit der Wirklichkeit nichts zu tun haben. Auch NLP ist von solchen Mythen nicht verschont geblieben. Im Unterschied zu fachlich fundierter Kritik handelt es sich bei Mythen um diffuse Behauptungen, die meist jeden Beleg schuldig bleiben, aber eine vage wabernde Grundstimmung des Unwohlseins erzeugen. Schauen wir uns einmal einige der am weitesten verbreiteten Mythen über NLP an.

## 5.1 Bei NLP geht es um Manipulation

Oft wird NLP in die Nähe zur Hypnose gerückt. Dann zimmern sich die Menschen ein aus Vorurteilen, Gruselgeschichten und Hörensagen bestehendes Modell zusammen, das ihnen vorgaukelt, NLP würde dazu eingesetzt werden, andere Menschen gegen deren Willen zu manipulieren.

Möglicherweise hat der Begriff Programmieren zu diesem Missverständnis beigetragen. Bei diesem Wort denkt vielleicht manch einer an alte (und meist schlechte) Horror- oder Science-Fiction-Filme, in denen das Gehirn eines Menschen durch einen wahnsinnigen Wissenschaftler oder eine feindliche Alien-Spezies umprogrammiert wurde –, um dann als willenloser Sklave dem jeweiligen

Herrn zu dienen. Aber mit dieser absurden Vorstellung hat NLP natürlich nicht das Geringste zu tun!

Bei NLP geht es vor allem darum, das eigene Gehirn zu »manipulieren« – es nämlich so zu beeinflussen, dass angeborene Schwächen möglichst effizient ausgebessert und überwunden werden. Es geht auch darum, Missverständnisse in der zwischenmenschlichen Kommunikation zu verhindern. Es geht um ein besseres Verständnis der Menschen untereinander.

Natürlich können viele NLP-Techniken missbraucht werden. Das lässt sich aber über beinahe jede Sache sagen. Wenn irgendein Strolch sein Telefon dazu missbraucht, um Drohanrufe bei älteren (oder jüngeren) Damen zu machen, dann würden wir deshalb auch nicht dem Telefon die Schuld geben und das Telefonieren einstellen. Wenn manche Menschen die Kommunikation dazu missbrauchen, andere Menschen zu beleidigen – ist dann die Sprache an sich schlecht?

Das Neuro-Linguistische Programmieren ist ein Werkzeug der Verständigung. Es liegt ganz allein bei uns, wie wir es einsetzen.

## 5.2 Bei NLP geht es um Täuschung und Verstellung

Manchmal heißt es, NLP sei ein Mittel, um ein falsches Gesicht zu zeigen, um eine Persönlichkeit vorzugaukeln, die es gar nicht gibt. Ist NLP nur Lug und Trug?

Aber das Gegenteil ist richtig! Bei NLP geht es ja gerade um vollkommene Authentizität! Wir erinnern uns: Eines der erklärten Ziele des Neuro-Linguistischen Programmierens war ja gerade und ohne jede Einschränkung die Bewusstmachung der eigenen Identität und die Entfaltung der Persönlichkeit. Wir wollen die Ängste und Unsicherheiten überwinden, die uns daran hindern, wir selbst zu sein und die uns dazu zwingen, anderen mit einem Mantel aus Verstellung und Abwehr gegenüberzutreten.

NLP will uns dabei helfen, ohne Täuschung und Verstellung auszukommen und unserem Umfeld authentisch und überzeugend zu begegnen! Authentizität ist das Stichwort, nicht die Verstellung. Wenn wir NLP mit Erfolg anwenden, dann sind wir weit mehr wir selbst, als wenn wir uns hinter einem dicken Schutzpanzer aus auswendig gelernten und vorgetäuschten Verhaltensmustern verschanzen.

Wenn sich durch NLP unsere Art, ein Gespräch zu führen, verändert, dann ist das dasselbe, wie wenn ein Mensch, der früher stark übergewichtig war und dann deutlich abgespeckt hat, schneller läuft. Er wurde von falschem, negativem Ballast befreit und kann jetzt die Möglichkeiten seines Körpers besser ausschöpfen. Durch NLP sind wir mit uns im Reinen und können unserem Umfeld unbeschwert auf Augenhöhe begegnen. Wir können endlich das sagen und zum Ausdruck bringen, was wir wollen – ohne belastende Missverständnisse.

# 5.3 Neuro-Linguistisches Programmieren ist gefährlich

Oft wird einfach ganz schwammig und ungefähr behauptet, NLP sei gefährlich und sollte deshalb nicht angewendet werden. Auf einen solchen unpräzisen Pauschalvorwurf lässt sich nur achselzuckend antworten: Nein, NLP ist an sich nicht gefährlich. NLP ist ein Werkzeug, ein Instrument, das dazu dienen soll, uns im Leben weiterzubringen. Es ist genauso nützlich oder schädlich wie sein Anwender.

Stellen wir uns einen Arzt vor, der im Operationssaal mit Skalpell, Zange und Schere hantiert. Im Prinzip kann er mit derartigen Werkzeugen eine Menge Schaden anrichten. Der Arzt wird das aber tun, um Leben zu retten – und wenn er ein guter Arzt ist, dann weiß er auch, was er tut und er wird sein Ziel erreichen. Ein Skalpell ist potenziell gefährlich, ja. Trotzdem würde kein Arzt am Operationstisch darauf verzichten wollen. Entscheidend sind Motivation und Ausbildung.

## 5.4 Bei NLP geht es um eine Sekte

Dieser Vorwurf mag sich lustig anhören, aber er wurde tatsächlich schon erhoben. Vielleicht hängt es mit dem wenig eingängigen und etwas sperrigen Namen zusammen. Ja, es gibt private Akademien, an denen man sich ausbilden lassen kann. Ja, da werden auch Grade vergeben wie Master oder Trainer. Aber all das ist völlig transparent und für jeden zugänglich. Niemand wird ausgeschlossen und keine Heilsversprechen werden gegeben.

Würde man denn jemanden, der ein Rhetorik-Seminar besucht, deshalb bei einer Sekte verorten? Oder jemanden, der einen Psychologie-Ratgeber liest? Doch wohl nicht. Wer sich über NLP informieren möchte, kann das ohne Weiteres im Internet tun, ohne deshalb gleich irgendwo irgendwelche Gebühren entrichten zu müssen. Für jedes gute Essen in einem guten Restaurant müssen wir mehr bezahlen als für dieses E-Book. Es kann also keine Rede davon sein, dass sich hier jemand an NLP bereichert. Und wenn uns dieses Buch nicht gefällt – wovon wirklich niemand ausgeht –, dann legen wir es eben wieder weg. Unser Seelenheil wird davon keinen Schaden nehmen. Und unsere Rente haben wir mit der Anschaffung auch nicht aufs Spiel gesetzt.

Natürlich gibt es – wie in jedem Bereich auch – schwarze Schafe – unter Anbietern wie Anwendern. Von denen halten wir uns eben fern. Schließlich haben uns unsere Eltern schon gesagt: Kinder, geht nicht mit Fremden mit! Aber bevor man den Stab über NLP spricht, sollte man es erst einmal richtig kennenlernen. Dann haben sich manche Mythen von selbst erledigt – zum Beispiel die Sekte.

# 5.5 NLP ist ein Werkzeug von Demagogen

Der ganz große und wirklich scharfe Vorwurf: Das Neuro-Linguistische Programmieren ist das Werkzeug, das Politiker benutzen, um ihre fragwürdigen Ideen an das Wählervolk zu bringen. Hier muss man einfach einmal grundsätzlich feststellen, dass NLP ein bewährtes Werkzeug zur Kommunikation ist. Und natürlich werden Werkzeuge zur Kommunikation auch von Politikern geschätzt und genutzt. Und wenn unter diesen Politikern ein schwarzes Schaf ist, dann kann sich das NLP dagegen leider nicht wehren. Aber das ist nicht der Zweck, zu dem es erschaffen wurde.

Stellen wir uns ein Mikrofon oder ein Megafon vor, einen Verstärker. Da kann man Sinnvolles hineinsprechen oder Dummes, Gutes oder Schlechtes, freundliche Worte oder Beleidigungen. Das Mikrofon beziehungsweise Megafon hat darauf keinen Einfluss. Es verstärkt nur die Botschaft, an der es nichts ändern kann, die es nicht einmal versteht.

So verhält es sich auch mit dem NLP. Die Techniken und Methoden verstehen die Botschaften nicht, die mit ihnen verkündet werden. Sie bekommen nichts mit von den Gesprächen, in denen sie zum Einsatz kommen. Sie sind einfach nur ein Mittel zum Zweck. Letzten Endes liegt es an uns, wie wir NLP verwenden. Wir können damit in die Politik gehen – es ist dabei sicher nützlich. Genauso nützlich wie im Geschäfts- und Privatleben. Weil es das ist, was NLP eben ausmacht: Es ist nützlich.

## 5.6 NLP ist unwissenschaftlich

Dies ist der wahrscheinlich häufigste Mythos, der nahezu überall zu lesen ist. Tatsächlich haben wir in dem Kapitel über die Geschichte des Neuro-Linguistischen Programmierens bereits gesehen, dass es sehr ernst zu nehmende Wissenschaftler waren, die im Umfeld ihrer Universität das NLP entwickelten. Angeregt und gelenkt von einigen der größten Denker ihrer Zeit!

NLP ist nicht vom Himmel gefallen, es wurde auch nicht aus einer bloßen Laune heraus erfunden. NLP ist das Ergebnis jahrzehntelanger Schürfarbeit in verschiedenen wissenschaftlichen Disziplinen. NLP ist ein Destillat, das sich immer wieder der praktischen Erprobung stellen muss. Und viele Menschen – darunter auch zahlreiche Prominente aus allen Bereichen des öffentlichen Lebens – haben NLP ausprobiert und können seine Wirksamkeit bestätigen.

Mit dem Vorwurf der Unwissenschaftlichkeit geht auch manche ernst zu nehmende Kritik einher, die wir in einem eigenen Kapitel behandeln wollen. Nicht jeder, der NLP kritisiert, ist deshalb gleich ein ausgemachter Verschwörungstheoretiker. Aber die oben aufgeführten Mythen sind nicht mehr als das – und wir brauchen sie aus guten Gründen nicht ernst zu nehmen.

# 6. Kritik an NLP

Neue Ideen und Ansätze rufen immer auch Widerspruch hervor. Das muss nicht unbedingt ein schlechtes Zeichen sein – im Gegenteil: Viele der erfolgreichsten und heute allgemein akzeptierten Theorien wurden in ihrer Entstehungszeit harsch kritisiert und heiß umstritten. Auch das Neuro-Linguistische Programmieren wird kritisiert und in Frage gestellt. Wir wollen diese Kritik nicht ignorieren, sondern den wichtigsten Punkten kurz Beachtung schenken – denn wir glauben fest daran, dass eine gute Idee jeder Kritik standhält.

Es geht hier nicht darum, diese Kritik in ihren einzelnen Punkten zu widerlegen, sondern nur um eine kurze Vorstellung der wichtigsten Vorwürfe, damit diese nicht einfach verschwiegen werden. Bei dieser Gelegenheit geben wir auch kurze Denkanstöße, um die Vorwürfe in einem anderen Licht zu sehen. Im Unterschied zu den bereits vorgestellten wabernden Mythen ohne faktisches Fundament widmen sich die hier vorgestellten Punkte konkreten Sachfragen, über die sich zumindest diskutieren lässt. Oft geht die Kritik aber einfach nur von falschen Ansätzen aus.

# 6.1 NLP ist selektiv

Eine häufig geäußerte Kritik am Neuro-Linguistischen Programmieren zielt darauf ab, dass NLP bei der Auswahl seiner Therapieformen sehr selektiv vorgehe. Es würden nur solche Therapieschulen berücksichtigt, die den Vorstellungen der NLP-Gründer behagten und in ihr Konzept passten. Andere Schulen und deren Erkenntnisse würden ignoriert und nicht berücksichtigt.

Diese Beobachtung ist grundsätzlich nicht falsch: Natürlich ist NLP selektiv. Es geht ja gerade darum, ein passendes Maßnahmenbündel auszuwählen – und natürlich wird dabei darauf geachtet, dass alle ausgewählten Instrumente zum angestrebten Gesamtkonzept passen. Dabei wird den anderen Methoden und Schulen keinesfalls der Wert abgesprochen.

Ein Beispiel dazu: Wenn wir Schrauben verschiedener Größe lösen oder eindrehen möchten, dann brauchen wir eben ein Set dazu passender Schraubendreher. Ein Hammer hilft uns nicht – schließlich wollen wir keine Nägel einschlagen. Ist deshalb aber der Wert des Hammers infrage zu stellen? Doch wohl nicht! Der Hammer gehört eben nur an einen anderen Platz.

## 6.2 NLP ist einseitig

Das Urprinzip des Neuro-Linguistischen Programmierens, das Modellieren, wird oft mit dem Hinweis infrage gestellt, es sei einseitig und würde sich nur an den erfolgreichen Therapeuten orientieren. Für einen nachhaltigen Erfolg sei es aber unverzichtbar, die Arbeit der erfolgreichen Therapeuten mit den Methoden der weniger erfolgreichen Therapeuten abzugleichen, um ein umfassendes und lückenloses Modell zu erreichen.

Diese Kritik geht völlig am Kerngedanken von NLP vorbei. Neuro-Linguistisches Programmieren soll ja gerade keine vollständige Forschungsdisziplin sein, sondern sich möglichst eng am Erfolg orientieren. Wir wollen so wenig Zeit und Mühe wie möglich investieren, um ein hervorragendes Ergebnis zu erzielen. NLP will den Weg verkürzen. Eine schnelle und punktgenaue Landung ist das Ziel. Deshalb orientieren wir uns an den Vorbildern, die genau das geschafft haben.

## 6.3 NLP ist undifferenziert

Mit dem Vorwurf der Einseitigkeit eng verwandt ist die Behauptung, NLP sei undifferenziert. Die erfolgreichen Vorbilder, die für das Modellieren in Betracht gezogen werden, seien in Wahrheit nur prominent und nicht fachlich herausragend. Berühmtheit würde hier einfach fälschlich mit Kompetenz gleichgesetzt.

Diese Kritik ist eigentlich eine ziemliche Respektlosigkeit gegenüber den renommierten Vorbildern, die seit den Anfangsjahren von NLP immer wieder zum Zweck der Modellierung herangezogen wurden. Einige der Namen haben wir im Kapitel über die Geschichte von NLP bereits vorgestellt – eine kurze Eingabe in jeder beliebigen Internetsuchmaschine fördert zutage, um wen es sich dabei handelt. Diese Männer und Frauen sind nicht als Scharlatane berühmt geworden, sondern verdanken ihren Ruhm dem Umstand, dass sie für ihre Forschungsdisziplinen Beachtliches geleistet haben!

## 6.4 NLP ist beliebig

Insbesondere Kritiker, die sich nicht in der Tiefe mit NLP beschäftigt haben, erheben gern den Vorwurf der Beliebigkeit. Ein lustiger Trödelladen soll das Neuro-Linguistische Programmieren sein, bei dem die Gründerväter und ihre späteren Mitarbeiter und Nachfolger einfach alles Mögliche bunt durcheinander geworfen hätten. Von Banalitäten ist die Rede, von Willkür und Ziellosigkeit.

Dieser Vorwurf kommt meist dadurch zustande, dass die ihn erhebenden Kritiker einzelne Thesen und Regeln des NLP aus ihrem Kontext lösen. Der Ball wird dann ins Nichts gespielt, wo kein anderer Spieler steht, der ihn aufnehmen könnte. Selbstverständlich enthält NLP auch einfache Aussagen, man könnte vielleicht wirklich von Binsenweisheiten sprechen. Aber es ist das Gesamtpaket – und seine Auswahl! –, das den Sinn und Erfolg von NLP ausmacht.

Wir alle kennen das Beispiel von den Ästen, die sich einzeln leicht zerbrechen lassen, aber eine ganz andere Widerstandskraft entwickeln, wenn sie im Verbund gefasst werden. Die vermeintliche Beliebigkeit von NLP ist in Wahrheit die große Stärke. Durch das Bündeln einzelner Maßnahmen und Erkenntnisse wird eine ganz neue Wirkkraft erlangt.

## 6.5 NLP ist unseriös

Dieser Pauschalvorwurf wird oft mit bestimmten Beispielen belegt, bei denen sich ein Anbieter von NLP tatsächlich unseriös verhalten hat. Hier darf aber der Verkäufer nicht mit der Ware verwechselt werden! Es ist in jedem Fall wichtig und richtig, genau hinzusehen, woher man seine Informationen bezieht. Es gibt natürlich zweifelhafte Naturen, die hoffen, mit NLP einen schnellen Gewinn machen zu können. Mit der ursprünglichen Idee hat dieses unseriöse Geschäftsgebaren aber nichts zu tun.

Die Gründer von NLP waren nicht an wirtschaftlichem Gewinn, sondern an Erkenntnis interessiert. Sie wollten eine verbesserte Methode der Kommunikation, die sich im Alltag und im Berufsleben bewähren würde. Erst der vielfach bezeugte Erfolg dieser gesammelten Maßnahmen führte zu einem professionellen Angebot und zu Kursen, die von ausgebildeten Lehrkräften gegen Gebühr abgehalten wurden. Von diesen Angeboten gibt es inzwischen viele, aber nicht alle davon sind empfehlenswert.

Und das ist ein gutes Zeichen! Warum? Weil es unterstreicht, dass es sich bei NLP eben nicht um ein geschlossenes System handelt, um einen verborgenen Geheimzirkel, eine elitäre Sekte. NLP ist offen und frei zugänglich - und die Guten können sich ebenso daran halten wie die Schlechten. Es liegt an uns: Wir haben die Wahl! Wir können uns an ein seriöses Angebot halten oder an ein unseriöses. In der Regel wird bei genauem Hinsehen schnell deutlich, mit welcher Art von Anbieter wir es zu tun haben.

# 7. NLP im Alltag

Wir haben in den bisherigen Kapiteln immer wieder betont und hervorgehoben, dass NLP eben keine trockene Forschungsdisziplin ist, deren primäre Ausrichtung vor allem der lückenlosen Formulierung einer wissenschaftlichen Theorie gilt. Vielmehr steht die Praxis im Mittelpunkt! Wir wollen die Dinge anpacken und in unserem Sinn bewegen. Das geht natürlich nur, wenn NLP seinen Platz im Alltag der Nutzer findet – und genau das ist von Anfang an der Fall.

Dieser Umstand liegt eigentlich auf der Hand, wenn wir uns vergegenwärtigen, dass unser Alltag zu einem großen Teil aus Kommunikation besteht. Alles, was uns bei der Kommunikation hilft, was diese also erleichtert und verbessert, ist deshalb auch eine nützliche Hilfe für unseren Alltag. Wir kommen besser mit unserem Umfeld zurecht – und besser mit uns selbst.

## 7.1 Kommunikation mit uns selbst

Eine Menge Probleme und Verzögerungen in unserem Leben basieren ausschließlich auf einer ungenügenden Kommunikation. Es gelingt uns nicht, unseren Standpunkt verständlich zu machen. Dabei geht es nicht nur um andere, sondern auch um uns selbst. Bevor wir überhaupt darangehen können, andere Menschen von unseren Absichten und Vorstellungen zu überzeugen, müssen wir in der Lage sein, diese für uns selbst zu kommunizieren.

NLP hilft uns dabei, unsere Gedanken zu strukturieren und klar in Worte zu fassen. Anstatt ungefährer Ahnungen und vager Vorstellungen sehen wir plötzlich klare

Linien und fest umrissene Ziele. Je besser wir uns dabei selbst verstehen, desto leichter fällt es uns, unsere Überzeugungen glaubhaft und attraktiv zu vermitteln. Für unser Umfeld wird dann deutlich: Hier spricht jemand, der weiß, was er sagt, der von seinen Aussagen überzeugt ist und der unbedingt glaubwürdig und authentisch ist.

NLP im Alltag heißt auch, alte und überflüssig gewordene Bremsen und Sicherungen zu lösen. Auf unsere Erziehung und frühe Prägung im Kindesalter haben wir kaum Einfluss. Wir können nicht verhindern, dass wir möglicherweise Glaubenssätze vermittelt bekommen, die uns später mehr hemmen als nutzen. Denn unser Leben und unsere Lebensführung werden ja bei Weitem nicht nur von unumstößlichen Fakten bestimmt, sondern vor allem auch von Meinungen und Ansichten unserer Eltern und Großeltern, unserer Lehrer und sonstigen Bezugspersonen.

Viele Eltern meinen es nur gut, wenn sie ihre Kinder vor Gefahren schützen wollen. Oft hört man deshalb den Satz »Du kannst das (noch) nicht«, »Das ist nichts für dich«, »Halte dich fern!« und ähnliches. Mitunter wird dabei unwillentlich eine Haltung eingeübt, die später das Fortkommen blockiert. Oft bemerken wir solche unbewussten Sicherungen nicht einmal, weil wir sie uns nicht bewusst machen.

Durch die Anwendung von NLP erkennen wir solche Hemmnisse und können ihnen bewusst begegnen. Wir erkennen, wo unsere Kommunikation blockiert ist und wir Hindernisse auflösen müssen. NLP bedeutet eine neue und verbesserte Art zu denken – denn Kommunikation beginnt mit dem gedachten Wort, nicht mit dem gesprochenen Wort.

Erst wenn wir die Kommunikation mit uns selbst wirklich beherrschen, können wir auch erfolgreich mit anderen kommunizieren. So lange wir uns selbst missverstehen, ist die Wahrscheinlichkeit, dass wir uns auch anderen gegenüber missverständlich ausdrücken, hoch.

## 7.2 Kommunikation mit anderen

Wenn die innere Kommunikation gelingt, ist das eine hervorragende Basis für die Weiterentwicklung der äußeren Kommunikation. Durch NLP gelingt es uns, strukturiert und authentisch aufzutreten. Das wirkt sich auf unser unmittelbares privates Umfeld genauso aus wie auf unseren erweiterten Kreis. Klare Ansichten und klare Aussagen erleichtern die Begegnung mit anderen Menschen ganz erheblich.

Durch NLP fühlen wir uns in Auseinandersetzungen und Konfrontationen nicht mehr ohnmächtig und hilflos. Wir sind uns vielmehr unseres Standpunkts genau bewusst und sind auch imstande, diesen ohne Einbußen gegenüber anderen zu vertreten. Wir können souverän reagieren, weil wir durch unser Training mit der nötigen Selbstsicherheit ausgestattet sind, auch anderen Meinungen in direkter Gegenüberstellung standzuhalten.

NLP bedeutet nicht, dass wir unsere Umwelt fortlaufend und ungefragt missionieren und mit unseren Ansichten überschwemmen. NLP macht uns einfach nur alltagstauglicher. Wir halten unangenehme Situationen besser aus, wir können Äußerungen unserer Mitmenschen besser deuten, wir sind imstande, rechtzeitig die nötigen Impulse zu setzen, um Streit und Eskalation zu verhindern. NLP macht uns nicht unfehlbar, erhöht aber unseren Spielraum beträchtlich.

Wir haben alle schon Judo-Kämpfer gesehen, die sich mit einer einfachen, sehr geschickten und überraschenden Bewegung aus dem Griff eines scheinbar übermächtigen Gegners befreien konnten. NLP ist eine Art geistiges Judo. Wir können Attacken schnell kontern und Würgegriffe auflösen. Wir erleben viel weniger Ratlosigkeit, sind imstande, uns schneller zu orientieren. So manche heikle Situation können wir bereits in ihrer Entstehung erkennen und entschärfen.

Wie oft ist zu hören: Da haben wir aneinander vorbeigeredet. Genau das möchte NLP verhindern. Auf diese Weise macht NLP unseren Alltag leichter – ganz ohne Zauberei und Esoterik.

# 8. NLP im Beruf

Es versteht sich von selbst, dass das Neuro-Linguistische Programmieren insbesondere im Beruf einen großen Nutzen bringt. Eines müssen wir aber gleich klarstellen, weil gerade dieser Mythos immer wieder benutzt wird, um Kritik am NLP zu äußern: NLP ist kein Verkäufer-Tool. NLP gibt uns nicht das Rüstzeug, um aller Welt unsere Ware aufzuschwatzen. Es ist nicht auszuschließen, dass manchmal versucht wird, NLP zu genau diesem Zweck zu gebrauchen. Doch das ist nicht der Zweck des Ganzen.

NLP im Beruf ist besonders wichtig, weil sich berufliche Zwistigkeiten oft schneller und schärfer auswirken können als private. Im privaten Bereich kennt man sich häufig besser, bringt sich mehr Wohlwollen entgegen und ist eher bereit, Dinge einmal zu vergessen und zu verzeihen. Im Beruf hingegen kann eine falsche Reaktion oft schon das endgültige Aus bedeuten – wenn es zum Beispiel um eine Bewerbung oder um eine Beförderung geht.

## 8.1 NLP hilft bei der richtigen Berufswahl

Die entscheidende Weiche für ein erfolgreiches Berufsleben ist die richtige Berufswahl. Als Kinder wollten wir vielleicht alle Astronaut, Tierärztin oder Müllmann werden, als Erwachsene sehen wir das ganze etwas differenzierter. Trotzdem kann es immer noch zu falschen Entscheidungen kommen – möglicherweise auch beeinflusst durch unser Elternhaus oder einfach eine Erwartungshaltung aus unserem Umfeld. Ist ein bestimmter Berufsweg aber erst einmal eingeschlagen und stellt sich dann als nicht geeignet heraus, wird die Sache kompliziert – ganz so leicht lässt sich ein falscher Kurs hier nämlich nicht korrigieren, und bei jeder Neuausrichtung verliert man viel Zeit, wenn nicht noch mehr.

Mit NLP können wir unsere innere Kommunikation so weit verbessern, dass wir unseren bewusst getroffenen Berufswunsch mit unserem Unterbewusstsein abgleichen können. Damit der Berufswunsch nicht einfach eine unbestimmte Vorstellung bleibt, sondern zu einem realistischen und wirklich erreichbaren Ziel wird, setzen wir verschiedene NLP-Techniken ein, um unsere Positionen zu analysieren und abzugleichen. Die Disney-Methode kann hier helfen, mit der Träume, Pläne und nötige Korrekturen klar voneinander abgegrenzt werden. Außerdem hat sich die SMART-Technik bewährt, um ein Ziel klar zu benennen, Erreichbarkeit und Attraktivität in einem realistischen Verhältnis abzuschätzen.

Mitunter erledigt sich eine nicht zu Ende gedachte Berufswahl von selbst, wenn wir sie mit der SMART-Methode auf Herz und Nieren prüfen. Plötzlich werden uns Ausschlusskriterien klar, die uns zuvor nicht bewusst waren. Gleichzeitig tun sich aber neue Möglichkeiten und Wege auf, die uns vielleicht eine bislang ungekannte Perspektive eröffnen. Gerade bei der Berufswahl ist es wichtig, dass wir uns nicht von vagen Vorlieben und impulsiver Begeisterung leiten lassen, sondern von einem bedächtigen Bedenken aller Modalitäten.

## 8.2 NLP hilft beim Vorstellungsgespräch

Vorstellungsgespräche sind von äußerster Wichtigkeit für die berufliche Entwicklung, stellen aber für viele Menschen einen ausgewiesenen Alptraum dar. Tipps und Tricks für Vorstellungsgespräche gibt es viele, das Neuro-Linguistische Programmieren wird dabei eher selten erwähnt. Aber es liegt doch auf der Hand, dass jede Technik, die uns dabei hilft, erfolgreicher zu kommunizieren, auch bei einem so wichtigen Termin wie einem Vorstellungsgespräch äußerst wertvoll sein wird.

Wenn uns ein richtiges Pacing mit dem Interviewer gelingt, dann können wir einen guten Rapport erzeugen und dem Gespräch eine uns genehme Richtung geben. Auch der Einsatz eines Ankers, der uns vor Nervosität und Anspannung schützen kann, hat sich bewährt. Stresssituationen wie ein Vorstellungsgespräch lassen sich mit NLP-Techniken auflösen und überwinden. Indem wir den für ein positives, ruhiges Gefühl gesetzten Anker aktivieren, versetzen wir uns in genau diesen Zustand – und können das Vorstellungsgespräch mit souveräner Ruhe und gelassener Freundlichkeit bestreiten.

Natürlich hilft NLP nicht nur beim wichtigen Vorstellungsgespräch, sondern auch später bei allen möglichen Verhandlungen und geschäftlichen Korrespondenzen. Überall da, wo Kommunikation betrieben wird, hilft es uns, wenn wir besser verstehen, welche bewussten und unbewussten Mechanismen damit verbunden sind und mit oder ohne unser Zutun ablaufen.

## 8.3 NLP hilft beim Umgang mit schwierigen Menschen

Wir kennen das alle: Der Umgang mit manchen Menschen gleicht einem Spaziergang über ein Feld voller Tretminen. Ein falscher Schritt und alles fliegt in die Luft. Leider können wir im beruflichen Alltag solchen Menschen nicht immer aus dem Weg gehen. Ein einziger von ihnen genügt oft, um das Klima in der gesamten Abteilung zu vergiften. Manchmal ist sogar ausgerechnet der Chef genau ein solcher Mensch. Dann sind unsere kommunikativen Fähigkeiten enorm gefordert.

Mit NLP-Techniken wie dem Pacing können wir uns auf solche schwierigen Menschen einstellen. Oft ist es nötig, dass wir diese Menschen führen, weil sie nicht nur uns, sondern auch sich selbst im Weg stehen. Für ein erfolgreiches Leading benötigen wir einen guten Rapport. Die in diesem Buch bereits vorgestellten NLP-Techniken können uns dabei helfen, auch unsympathische Menschen auf ihrem Level abzuholen und ihnen auf Augenhöhe zu begegnen.

Denken wir an die grundlegende Vorannahme von NLP, dass hinter jedem Verhalten ein Grund und eine Absicht stehen. Versetzen wir uns in die schwierigen Persönlichkeiten hinein, um diesen Grund zu erforschen. Es gibt immer Gründe und Auslöser für ein bestimmtes Verhalten und je besser wir diese kennen, desto individueller und angepasster können wir darauf reagieren.

# 8.4 NLP hilft bei der Selbstmotivation

Prokrastination ist eines der am weitesten verbreiteten Übel im Berufsleben. Wer kennt es nicht, das berüchtigte Auf-die-lange-Bank-Schieben, das so viel Stress und Unzufriedenheit auslöst. NLP kann uns auch dabei helfen, die richtige Stimmung zu erzeugen, die uns den nötigen Schwung bringt, ans Werk zu gehen und konsequent auf ein Ziel zuzusteuern. Wir haben bereits verschiedene Techniken kennengelernt, die es uns ermöglichen, negative Situationen aufzulösen und Hindernisse zu überwinden - zum Beispiel die sehr effektive Swish-Technik.

Entscheidend für die Selbstmotivation ist die klare Definition des Zieles. Wenn wir genau wissen, was wir wollen, haben wir ein starkes Bild, das wir uns vor das innere Auge führen und als Ansporn nutzen können. NLP-Techniken wie das SMART-Modell, dass uns bei der Konkretisierung und Illuminierung unseres Zieles helfen können, sind hier auch am Platze. Wenn uns eine Aufgabe über den Kopf zu wachsen droht oder eine Wegstrecke einfach endlos erscheint, dann ist der richtige Zeitpunkt da, das innere Auge auf das Ziel zu richten. Je heller und intensiver wir uns dieses Bild vor Augen führen können, desto stärker wird die Wirkung sein.

Wir müssen einfach dafür sorgen, dass nicht der beschwerliche Weg, sondern das lohnende Ziel das zentrale und beherrschende Bild in unserem Denken ist.

## 8.5 NLP hilft zu mehr Gelassenheit

Anspannung und Stress sind im beruflichen Alltag natürlich besonders stark ausgeprägt. Wer in Krisensituationen gelassen bleiben kann und die Übersicht behält, der hat oft schon gewonnen. In der Praxis fällt das aber gar nicht so leicht. Die bewährten NLP-Techniken können auch hier wieder eine wertvolle Hilfestellung leisten.

Konkret sind es die Techniken zur Entspannung und der Überwindung negativer Bilder mit positiven Eindrücken, die uns hier weiterhelfen. Wir müssen einerseits zur Ruhe kommen, andererseits aber auch ein helles, ermutigendes Bild in den Mittelpunkt stellen. Das bewusste Innehalten und Erinnern an einen angenehmen Moment der Vergangenheit ist eine Lösung. Wir versuchen dabei, so viele Wahrnehmungskanäle wie nur möglich zu nutzen. Wir erinnern uns an einen Geruch, an einen Geschmack, an Farben und Geräusche. Dazu atmen wir über den Bauch tief ein und aus.

Erst wenn wir merken, dass wir den Zustand der Anspannung verlassen und durch einen Zustand der Ruhe und Entspannung ersetzt haben, können wir die Augen öffnen und wieder ans Werk gehen. Bei Bedarf wiederholen wir diese Technik einfach.

Natürlich besteht nicht in jeder anstrengenden Berufssituation die Möglichkeit, ausführlich innezuhalten und mit Geduld einen besseren Zustand herbeizuführen. Aber mit entsprechender Übung genügen oft wenige Sekunden, um eine innere Entspannung zu erreichen. Des Weiteren können NLP-Techniken, mit denen wir schwierige Situationen im Berufsalltag präventiv durchspielen und durchdenken, uns für eine derartige Situation rüsten, so dass wir ganz von selbst die richtige Reaktion zeigen.

# 9. Glossar – Die wichtigsten Begriffe

Nicht nur der Name Neuro-Linguistisches Programmieren selbst ist auf den ersten Blick etwas sperrig und wenig verständlich. Es gehören noch viele weitere Begriffe dazu, deren Bedeutung nicht gleich auf Anhieb zu erschließen ist. Viele davon haben wir bereits in den vorherigen Kapiteln kennengelernt. Hier geht es nicht um eine ausführliche Definition der einzelnen Stichwörter, sondern lediglich um eine kurze Erklärung, die eine erste Orientierung und einen grundlegenden Überblick ermöglicht. Für eine genauere Information ist insbesondere das 3. Kapitel hilfreich.

## Accessing Cues

Accessing Cues sind die Zugangshinweise, die dem genauen Beobachter darüber Aufschluss geben, mit welchem Repräsentationssystem das Gegenüber arbeitet. Dazu gehören die Sprechgeschwindigkeit, die Stimmlage, die Augenbewegungen, Gestik, Mimik etc.

## Anker

Ein äußerer oder innerer Reiz, der bewusst mit einer bestimmten Emotion verbunden wird. Durch das Aktivieren dieses Reizes kann die jeweilige Assoziation auf Wunsch hervorgerufen werden. Bei NLP geht es darum, sinnvolle und nützliche Anker bewusst zu setzen, allerdings können Anker auch unbewusst entstehen und dann sogar schädlich sein – solche negativen Anker müssen aufgelöst werden.

## Assoziiert sein

Wenn wir assoziiert sind, erleben wir eine Erfahrung in unserem eigenen Körper bzw. aus unserer eigenen Perspektive heraus. Das Gegenteil dazu ist dissoziiert sein – wir betrachten das Geschehen aus einer übergeordneten Perspektive und sehen uns selbst dabei zu. Der Wechsel zwischen assoziiert und dissoziiert wird bei vielen NLP-Techniken benutzt, zum Beispiel bei der Swish-Methode.

## Augenbewegungsmuster

Die Augenbewegungen sind ein wichtiges, wenn auch oft unbewusstes Indiz für die inneren Prozesse in einem Menschen und zählen deshalb zu den häufigsten Accessing Cues (Zugangshinweisen). Im Neuro-Linguistischen Programmieren sind sie ein unverzichtbares Signal.

## B.A.G.E.L.-Modell

Dies ist eine von Robert Dilts ausgearbeitete NLP-Technik, die vor allem auf die Analyse der Physiologie ausgerichtet ist. B.A.G.E.L. steht für Body Posture (Körperhaltung), Accessing Cues (Zugangshinweise), Gestures (Gestik), Eye Movements (Augenbewegungen) und Language Patterns (Sprachmuster).

## Chaining

Wenn nicht nur ein Anker, sondern eine ganze Kette von Ankern gesetzt wird, sprechen wir auch von Chaining. Eine solche Ankerkette ermöglicht es uns, mehrere emotionale Stadien nacheinander zu durchleben und aufzurufen. Chaining ist komplexer als die herkömmliche Ankertechnik, die sich auf einen einzigen Anker beschränkt.

## Core-Transformation

Eine eher spirituelle NLP-Technik, bei der es um das Erleben einer absoluten Erfüllung und Balance geht, mit dem Ziel, alle störenden Elemente zu überwinden. Dabei kann es sich um einen Glaubenssatz, ein bestimmtes Verhaltensmuster oder eine Emotion handeln.

## Diamond-Methode

Die Diamond-Technik verschiebt Perspektiven und versucht, ein Problem zu umgehen, anstatt es zu lösen. Sie gilt vor allem als Ergänzungstechnik zu den übrigen NLP-Methoden.

## Disney-Methode

Eine NLP-Technik zur Förderung der Kreativität und der realistischen Einschätzung von Visionen. Geht auf Walt Disney zurück und wurde durch die Technik des Modellierens in der Öffentlichkeit verbreitet.

## Dissoziiert sein

Wenn wir dissoziiert sind, erleben wir eine Erfahrung außerhalb unseres eigenen Körpers, aus einer übergeordneten Perspektive heraus. Das geschieht zum Beispiel, wenn wir uns während der Fast-Phobia-Methode selbst in einer angsterfüllenden Situation beobachten. Das Gegenteil davon ist assoziiert sein.

## Emotion

Ein besonderer Bewusstseinszustand, der durch eine bewusste oder unbewusste Stimulanz ausgelöst wird. Bei der populären Ankertechnik wird ein Anker mit einer

Emotion verknüpft, um diesen Zustand absichtlich aktivieren zu können.

## Entscheidungsstrategie

Bei NLP-Techniken wie der SMART-Methode geht es darum, unter Einbeziehung und Simulation möglichst vieler Optionen eine Entscheidung zu treffen. Diesen internen Prozess nennen wir auch Entscheidungsstrategie. Dabei ist es wichtig, dass das Modell mit Sorgfalt ausgeführt wird, damit wirklich gute Entscheidungen ermöglicht werden.

## Fast-Phobia

Eine NLP-Technik, bei der es speziell um die Überwindung von Ängsten geht. Bei richtiger Anwendung erlaubt es diese bekannte Methode, Phobien innerhalb weniger Minuten dauerhaft zu überwinden.

## Framing

Beim Framing wird eine Sache in einen bestimmten Kontext, einen Rahmen (englisch frame) gestellt. Durch verschiedene Rahmen lassen sich verschiedene Ergebnisse erzielen.

## Future Pace

Der Future Pace ist der entscheidende Schritt in die Zukunft, ein Brückenschlag im Geiste in das ungewisse Morgen, um eine noch nicht eingetretene, bevorstehende Situation zu simulieren und die richtige Strategie für das passende Verhalten dafür zu entwickeln.

## Gedankenlesen

Natürlich kann auch der beste Anwender der NLP-Techniken keine Gedanken lesen. Aber durch entsprechende suggestive Formulierungen können wir diesen Eindruck erwecken: »Du möchtest jetzt wissen, was das bedeutet.« Wir setzen einen Gedanken oder ein Gefühl voraus, das wir adressieren, ohne zu erklären, wie wir zu dieser Ansicht gelangt sind.

## Generalisierung

Eine Generalisierung ist der Schluss von einem auf alles. Das kann bei Gefahrenquellen sinnvoll sein (wenn eine Kerze heiß ist, sind alle Kerzen heiß und man kann sich daran verbrennen), in vielen Fällen die Kommunikation aber auch behindern (»Du weißt immer alles besser…«).

## Grundannahmen

Die Grundannahmen sind die Voraussetzungen, die wir dem Neuro-Linguistischen Programmieren zugrunde legen. Sie werden nicht infrage gestellt, sondern bilden das Gerüst, in dem unser System funktioniert.

## Gustatorisch

Der Begriff gustatorisch beschreibt alle Wahrnehmungen, die den Geschmackssinn des Menschen betreffen.

## Hypnotische Sprachmuster

Unbestimmte, suggestive Sprachmuster, die darauf ausgelegt sind, eine möglichst große Gruppe anzusprechen und bei der Stange zu halten. Das Milton-Modell bedient sich solcher Sprachmuster.

## Identität

Die Identität ist die Persönlichkeit des Menschen, sein Wesen, das ihn ausmacht und von anderen Menschen zuverlässig unterscheidet. Bei NLP geht es darum, die eigene Identität und die Identität anderer möglichst präzise zu erkennen, um eine optimierte Form der Kommunikation zu erreichen.

## Imprint

Ein Anker, der in der Regel unbewusst in der Vergangenheit gesetzt wurde und uns prägt und damit Einfluss auf unsere aktuellen Entscheidungen und unser Verhalten trifft. Unter Umständen kann es wichtig und sinnvoll sein, einen solchen Anker aufzulösen.

## Kinästhetisch

Mit dem Begriff kinästhetisch wird alles umschrieben, was das Fühlen und Tasten des Menschen betrifft. Er umfasst äußeres Fühlen ebenso wie innere Gefühle.

## Leading

Leading ist eine NLP-Technik, die das Führen anderer Personen bezeichnet. Bei einem ausreichend hohen Rapport ist es möglich, durch eine Verhaltensänderung auch das Verhalten anderer nach Wunsch zu beeinflussen.

## Mentor

Ein Mentor ist ein Lehrer und Vorbild. Ein Mentor ist jemand, von dem wir gerne etwas lernen möchten.

## Mentor-Technik

Eine NLP-Technik, bei der man sich in virtuelle Ratgeber und Mentoren hineinversetzt, um mit diesen ein konkretes Problem zu besprechen. So ist es möglich, neue Perspektiven zu gewinnen.

## Meta-Ebene

Eine Meta-Ebene ist eine übergeordnete Stufe, ein virtuelles Stockwerk, das sich immer über der aktuellen Ebene des tatsächlichen Geschehens befindet. Sie ermöglicht einen Blick aus der Vogelperspektive und damit eine bessere Übersicht über die Ereignisse.

## Meta-Modell

Das Meta-Modell macht festgefügte Sprachmuster aus, die eine Kommunikation verschleiern und setzt diese durch geschicktes Nachfragen außer Kraft. Durch eine bewusste Konkretisierung werden die Ressourcen des Unterbewusstseins erschlossen.

## Milton-Modell

Das Milton-Modell ist eine NLP-Technik, die sich durch unbestimmte, hypnotische Sprachmuster ein möglichst großes Publikum erschließen will. Die Umkehrung davon ist das Meta-Modell.

## Modellieren

Das Modellieren ist das Urprinzip des Neuro-Linguistischen Programmierens. Man erstellt ein vereinfachtes Abbild eines Vorbilds und leitet von diesem sinnvolle Verhaltensmuster und Erfolgsstrategien ab.

## Neurologisch

Unser gesamtes Denken und Handeln wird durch neuronale Prozesse gesteuert. Darunter versteht man die Kombination aus Nervensystem und Gehirn, die unsere Wahrnehmung und die Reaktion darauf steuert.

## Öko-Check

Der ökologische Check wird genutzt, um unsere jeweiligen Ziele und Verhaltensweisen auf Kosten und Nutzen abzuklopfen. Bevor wir uns für eine neue Strategie entscheiden, prüfen wir, welche Auswirkung dieses Verhalten auf unser Umfeld hat. Ein Öko-Check kommt zum Beispiel beim Six-Step-Reframing zum Einsatz.

## Olfaktorisch

Olfaktorisch bezeichnet alle sinnlichen Wahrnehmungen, die den Geruchssinn betreffen. Wenn es in der Küche nach Selbstgebackenem duftet, ist das also eine olfaktorische Wahrnehmung – auch wenn uns dieser Begriff im Alltag kaum unterkommt.

## Pacing

Pacing wird auch Spiegeln genannt und ist im Wesentlichen genau das: Die unmittelbare Nachahmung der Verhaltensmuster unseres Gegenübers, um mit diesem möglichst exakt in Einklang zu kommen, dadurch einen guten Rapport zu erzielen und diesen als Grundlage für ein erfolgreiches Leading zu nutzen.

## Praliné-Modell

Das Praliné-Modell ist eine NLP-Technik, bei der eine Sache, die wir nicht gerne tun, in eine »Praline« verwandeln, sie also mit einem positiven Bild versehen und so unsere Motivation zur Erledigung dieser unangenehmen Aufgabe steigern.

## Programmierung

Die Programmierung ist die systematische Eingabe von Informationen, mit dem Ziel, bestimmte Prozesse auszulösen, die ein bestimmtes Ergebnis erreichen. Bei NLP geht es um die Programmierung unserer Kommunikation mit uns selbst und mit anderen.

## Rapport

Der Rapport ist die positive Beziehung zu unserem Gegenüber, der Nährboden für eine gelingende Kommunikation. Wenn wir uns mit unserem Gesprächspartner im Rapport befinden, dann haben wir ein vertrauensvolles Verhältnis.

## Repräsentationssystem

Unter einem Repräsentationssystem verstehen wir die Art und Weise, wie unser Gehirn Informationen über die fünf Sinneskanäle aufnimmt und verarbeitet. Nicht immer müssen alle fünf Sinneskanäle gleich stark beansprucht werden. Das VAKOG-Modell berücksichtigt dieses Prinzip.

## Re-Framing

Der Rahmen, also der Kontext einer Situation oder Sache wird bewusst verändert und durch einen neuen Rahmen ersetzt.

## Separieren

Separieren ist das bewusste Unterbrechen eines Prozesses oder Zustandes, um einen neuen Ansatz zu ermöglichen. Das Separieren ist eine Art Abwürgen des Motors, um diesen dann neu zu starten und die Fahrt in eine andere, gewünschte Richtung zu lenken.

## So-als-ob-Rahmen

Eine besondere Variante der Rahmentechnik im NLP. Eine Situation wird angenommen, die so noch nicht eingetreten ist, und so realistisch wie möglich durchgespielt. Das dient dazu, Ängste und Blockaden zu überwinden und sich auf eine solche Situation in der Wirklichkeit einzustellen.

## Spiegeln

Das Spiegeln wird auch Pacing genannt und bezeichnet eine NLP-Technik, bei der es darum geht, das Verhaltensmuster unseres Gegenübers zu spiegeln und so einen Rapport aufzubauen.

## Swish-Technik

Eine der wirkungsvollsten NLP-Techniken. Der Swish ist der bewusste und extrem schnelle Austausch zweier Bilder, der dazu führen soll, dass ein negatives Bild durch ein positives ersetzt wird.

## TIGER

Ein guter Anker muss wie ein TIGER sein: Es kommt an auf Timing, Intensität des Zustands, Genauigkeit der Wiederholung, Einzigartigkeit des Ankers und Reinheit des Zustands. Wird diese Formel berücksichtigt, gelingt in der Regel eine wirksame Ankersetzung.

## Tilgung

Die Tilgung ist ein Prozess, bei dem Informationen des Gesamtbildes weggelassen bzw. getilgt werden, wodurch eine veränderte Situation beziehungsweise Aussage entsteht.

## VAKOG

VAKOG ist ein Kürzel für die fünf Sinne: visuell (das Sehen betreffend), auditiv (das Hören betreffend), kinästhetisch (das Fühlen betreffend), olfaktorisch (das Riechen betreffend) und gustatorisch (das Schmecken betreffend).

## Verzerrung

Als Verzerrung bezeichnet man einen – meist unwillentlich ausgeführten – Prozess, bei dem Erfahrungen so stark verzerrt und verfremdet werden, dass die betroffene Person in ihrem Handlungsrahmen eingeschränkt wird.

## Wahrnehmungskanäle

Die Wahrnehmungskanäle bilden unser Repräsentationssystem. Bei ihnen handelt es sich um unsere fünf Sinne, wie sie das VAKOG-Modell erfasst.

## Zeithorizont

Das Ende der Zeitlinie. Erreicht eine Zeitlinie diesen Punkt, dann gibt es danach kein Weiterkommen mehr. Hinter dem Horizont können keine weiteren Etappen und Ziele liegen. Diese Begrenzung hilft beim Einfassen einer Zeitlinie.

## Zeitlinie

Die Zeitlinie wird auch Time-Line genannt. Sie ist die chronologische Abfolge unserer Erfahrungen in Gegenwart, Vergangenheit und Zukunft. Zur Zeitlinie gehören Bilder, Gefühle, Geräusche, alle sinnlichen Wahrnehmungen und Zustände.

## Zustand

Als Zustand bezeichnen wir beim Neuro-Linguistischen Programmieren die Summe aller neurologischen Prozesse, die zu einem bestimmten Zeitpunkt im Inneren einer einzigen Person ablaufen. Viele NLP-Techniken zielen darauf ab, einen konkreten Zustand zu unterbrechen und durch einen anderen zu ersetzen.

# 10. Schlusswort

Dieses Ende ist nur der Anfang: An dieser Stelle haben Sie mit Sicherheit schon die eine oder andere NLP-Technik ausprobiert und ein grundlegendes Gefühl für das Neuro-Linguistische Programmieren gewonnen. Diese ersten Versuche haben Sie aber bestimmt noch nicht zum Ziel geführt.

Denn natürlich gibt es noch viel zu lernen - und vor allem zu üben. Wir müssen die grundlegenden Techniken des NLP mit unserem Leben synchronisieren, persönliche Ansätze finden und aus der spannenden Theorie einen fassbaren Gewinn in der Praxis erzielen.

Nach der aufmerksamen Lektüre dieses Buches sind wir von diesem Ziel gar nicht mehr weit entfernt - wichtig ist jetzt, konsequent am Ball zu bleiben, beständig zu üben und dabei nie zu vergessen: Es gibt kein Scheitern. Es gibt nur Feedback, und wenn wir dieses richtig einsetzen, wird es uns bald weiterbringen.

Deshalb machen wir weiter. Immer weiter, bis wir die Ergebnisse in unserem privaten Alltag und in unserem Berufsleben am eigenen Leib erfahren. Es versteht sich von selbst, dass wir die Techniken von NLP verantwortungsbewusst gebrauchen, denn nur auf diese Weise sind sie wirklich ein Gewinn - für uns selbst und für unser Umfeld.

*Viel Erfolg!*

# STOIZISMUS

# 1. Vorwort

*„Blick in dein Inneres. Da ist die Quelle des Guten, die niemals aufhört zu sprudeln, wenn du nicht aufhörst zu graben."* – Marcus Aurelius, römischer Kaiser und Philosoph

**Stoizismus** – das ist kein eingängiges, kein alltägliches Wort. Vor allem aber klingt es nicht modern und nicht praxistauglich. Es klingt nach einem Wort, das in die Hörsäle der Universitäten gehört.

Schlägt man Stoizismus in einem gängigen Wörterbuch nach, dann ist viel die Rede von antiken griechischen Philosophen, von akademischen Lehren und Theorien. Da reihen sich spröde Fremdwörter aneinander wie Logik, Rhetorik, Dialektik, Physik und Ethik. Ist der Stoizismus also nur ein langweiliges Gedankenkonstrukt aus grauem Gelehrtenstaub?

Mitnichten! Wenn heute ein Drama von Shakespeare in modernem Stil auf die Bühne gebracht oder gar verfilmt wird, dann haben sich Kostüme und Kulissen vielleicht geändert und der Gegenwart angepasst, der Kern der Handlung und die handelnden Personen sind aber dieselben wie damals, wie vor vielen hundert Jahren, im längst untergegangenen elisabethanischen Zeitalter.

Und immer wieder sind wir erstaunt, wie frisch und aktuell die Zeilen sind, die der Dichter vor so langer Zeit zu Papier gebracht hat. Bis heute steckt in jeder modernen Geschichte noch ein Stück Shakespeare. Weil der Mensch in gewissen Dingen über die Jahrhunderte hinweg gleich geblieben ist und sich bestimmte Instinkte und Verhaltensweisen bewahrt hat!

Unsere Leidenschaften und Sehnsüchte haben sich nicht geändert. Noch immer lieben und hassen wir, handeln manchmal schneller, als wir es eigentlich möchten, begehen Fehler, die wir bereuen, erreichen Ziele, auf die wir stolz sind. Die uralte biblische Geschichte vom Brudermord, von Kain, der aus Neid und Eifersucht seinen jüngeren Bruder Abel erschlug, hat sich im Lauf der Menschheitsgeschichte unzählige Male wiederholt – mit anderen Namen, an anderen Orten. Sie ist ebenso wenig überholt wie die Dramen von Shakespeare. Sie ist ein archetypisches Muster – eine universell gültige Vorlage, die durch das menschliche Naturell immer wieder neu umgesetzt wird.

Die ersten Stoiker haben vor sehr langer Zeit gelebt – aber sie hatten mit demselben schwachen und anfälligen menschlichen Naturell zu kämpfen wie wir heute. Sie wussten, dass der Mensch dazu neigt, sich selbst ein Bein zu stellen: durch Gefühle, die schneller sind als Gedanken. Sie haben diesen Umstand sehr klarsichtig erkannt – und sie wollten sich nicht damit abfinden.

Sie entwickelten ein System, mit dem sich diese menschliche Schwäche ausmerzen und überwinden ließ, eine Art Judo für das menschliche Gehirn: Die Angriffe unserer plötzlich aufwallenden Leidenschaften laufen ins Leere, wir werden nicht mehr von unseren Gefühlen überwältigt, beherrscht und zu ungewollten Taten und Reaktionen getrieben, die wir später bereuen, weil sie uns oder anderen schaden. Wir müssen den Stress nicht mehr bewältigen, weil wir ihn ganz einfach nicht mehr spüren. Das System, von dem die Rede ist, löst den Stress einfach auf – wie eine tobende Woge auf offener See, die sich beim Erreichen der Küste so weit beruhigt hat, dass nur noch ein leichter Wellengang sichtbar ist. Sie sind nicht länger getrieben, sondern Herr der Lage.

Das Großartige an diesem System: Sie müssen kein gelehrter Philosoph sein, um es in der Praxis anwenden zu können. Die schwierige und langwierige Denkarbeit haben die Erfinder des Stoizismus schon vor langer Zeit für uns erledigt. Wir müssen die Regeln nur noch in die Tat umsetzen.

Wir sind übrigens beileibe nicht die Ersten, die sich an dieser Aufgabe versuchen – es gibt kaum eine Weltanschauung, die einen vergleichbar großen Einfluss auf die Menschheitsgeschichte ausgeübt hat wie der Stoizismus. Wenn wir uns darum bemühen, seine Erkenntnisse anzuwenden, werden wir auch sehen, warum das so ist.

Fangen wir also gleich damit an!

# 2. Die Ursprünge und die Geschichte des Stoizismus

Die Wurzeln des Stoizismus reichen weit zurück – bis in die Antike. Dieser Umstand sollte aber nicht dazu verleiten, den Stoizismus als etwas längst Vergangenes anzusehen, das uns modernen Menschen heute nicht mehr weiterhelfen kann. Wie wir im Vorwort zu diesem Büchlein bereits ausgeführt haben, hat sich am Alltag der Menschen, an ihren Gefühlen und Leidenschaften im Laufe der Jahrhunderte nicht sehr viel verändert.

Der Stoizismus ist alt – aber nicht veraltet. Um seine bewährten Erkenntnisse und Grundlagen in die Gegenwart zu übertragen und im Alltag gewinnbringend umzusetzen, ist es keinesfalls notwendig, die Geschichte des Stoizismus zu kennen. Wenn Sie es furchtbar eilig haben oder Philosophen einfach nicht mögen, können Sie dieses Kapitel auch überblättern (Sie sind hier der Boss!). Aus Gründen der Vollständigkeit und weil das Thema sehr interessant ist, wollen wir uns trotzdem mit den Anfängen dieser faszinierenden und bereichernden Gedankenwelt beschäftigen.

## 2.1. Die Geschichte des Stoizismus: Von der Antike bis hin zur Moderne

Der Stoizismus verdankt seinen Namen der Stoa. Die Stoa war ein öffentliches Gebäude in Athen, eine Säulenhalle, die begabte Künstler mit vielen bunten Bildern ausgeschmückt hatten. Deshalb wurde dieser Versammlungsort in der griechischen Sprache stoa poikile, bunte Säulenhalle, genannt. Der Name wurde später auf die Philosophenschule, die sich dort zum gelehrten Diskurs traf, übertragen.

### 2.1.1 Die ältere Stoa

Die allerersten Ursprünge der Stoa gehen im 3. Jahrhundert vor Christus auf Zenon von Kition zurück. Der Sohn eines vermögenden Händlers gilt zwar als eigentlicher Erfinder des Stoizismus, von seiner Lehre ist aber so gut wie nichts mehr bekannt. Der Philosophiehistoriker Diogenes Laertios hat einige Angaben über Zenon überliefert, doch ist kaum auseinanderzuhalten, was davon Legende ist und was der Wirklichkeit entspricht. Zenon soll - wie sein Vater - Kaufmann gewesen sein und nach einem verheerenden Schiffbruch, der mit dem vollständigen Verlust seiner Ladung einherging, eine Lehre der Gelassenheit entwickelt haben - die erste Form der Stoa.

Zenons Nachfolger wurde sein Freund und Schüler Kleanthes. Der ehemalige Faustkämpfer tauschte die körperliche Gewalt gegen die geistige Erleuchtung ein und ließ die Lehre seines Mentors weitgehend unangetastet. Er gilt als Mensch, der mit beiden Beinen auf dem Boden stand und die Erkenntnis der Wirklichkeit als Schlüssel zu einem tugendhaften Leben verstand.

Dabei blieb er ein Kind seiner Zeit und glaubte an die Götter: Sein Lobgesang auf den griechischen Gott Zeus legte den Grundstein für die stoische Theologie. Wie sein Lehrer Zenon von Kition soll auch Kleanthes den Freitod durch Verhungern gewählt haben.

Der dritte große Name der älteren Stoa ist Kleanthes' Nachfolger Chrysipp aus Soloi, der die mündlich überlieferten Lehren seiner Vorgänger Zenon und Kleanthes stark überarbeitete und in ein System fasste. Chrysipp hat im bis dahin recht unordentlichen Schrank des stoischen Lehrgebäudes aufgeräumt, aus- und einsortiert. Er gilt deshalb als zweiter Gründer der Stoa – und ist verantwortlich dafür, dass wir über die ursprünglichen Lehren der Stoa so gut wie nichts mehr wissen. Auf der anderen Seite war er ungeheuer fleißig und hinterließ ein gewaltiges Schriftwerk von rund 500 Büchern. In einer Zeit ohne Schreibmaschine oder Schreibcomputer ein gewaltiges Unterfangen!

### 2.1.2 Die mittlere Stoa

Die mittlere Stoa ist vor allem mit zwei Namen verbunden: Der eine war Panaitios von Rhodos. Er lebte über einen längeren Zeitraum hinweg in Rom und brachte die Ideen der Stoa in die Kreise römischer Intellektueller. Er gehörte dem Gelehrtenkreis an, den Scipio der Jüngere um sich versammelte. Kein Geringerer als der hochberühmte Redner und Senator Cicero übernahm in seinen beiden Bänden De officiis (Über die Pflichten) zahlreiche Gedanken von Panaitios.

Panaitios' Schüler, Poseidonios aus Apameia in Syrien, war ebenso intelligent wie ehrgeizig: Als er nach dem Tod Panaitios' nicht – wie erhofft – die Leitung von dessen Schule übertragen bekam, ging er kurzerhand nach Rhodos, um dort seine eigene Schule zu gründen.

### 2.1.3 Die jüngere Stoa

Die jüngere Stoa ist für die heutige Bedeutung und Rezeption des Stoizismus die bedeutendste. Sie wurde vor allem von drei Namen geprägt, nämlich den römischen Philosophen Seneca, Epiktet und Marcus Aurelius. Diese drei herausragenden Persönlichkeiten der Geistesgeschichte werden wir in einem späteren Kapitel noch genauer kennenlernen. Alle drei haben uns nämlich auch heute noch eine Menge zu sagen, und es wäre unangebracht, sie einfach als bloße Geschichtslektion abzutun. Sie dürfen gespannt sein! Für den Augenblick begnügen wir uns mit der Feststellung, dass es die jüngere Stoa ist, die bis heute in unseren Alltag hineinwirkt - auch wenn die jüngere Stoa natürlich auf den Lehren der älteren und mittleren Stoa aufbaut.

### 2.1.4 Die Stoa nach der Antike

Mit dem Aufstieg des Christentums verlor der Stoizismus in der römischen Welt an Einfluss. Nachdem Kaiser Konstantin das Christentum zur Staatsreligion erhoben hatte, löste es allmählich alle anderen Weltanschauungen ab. Trotzdem setzten sich die christlichen Lehrer auch mit den Stoikern auseinander und Spuren des Stoizismus blieben in manchen Schriften christlicher Philosophen erhalten.

Auch islamische Denker beschäftigten sich vereinzelt mit dem Stoizismus. Einen wirklichen Aufschwung erfuhr der Stoizismus aber erst wieder in der Spätrenaissance. Der flämische Philosoph Justus Lipsius stammte aus wohlhabendem Haus und suchte in den philosophischen Schriften der Antike nach einem tieferen Lebenssinn. Über weitere große Denker wie den französischen Philosophen und Naturwissenschaftler René Descartes und den Reformator Philipp Melanchthon hielt sich der Stoizismus in der Philosophiegeschichte bis hin zu Immanuel Kant, dessen Moralphilosophie eine deutliche Prägung durch die Stoa erkennen lässt.

Friedrich der Große schließlich bezog sich mit seiner Selbstbeschreibung als erstem Diener seines Staates ausdrücklich und demonstrativ auf das antike Vorbild des Philosophenkaisers Mark Aurel. So blieb der Stoizismus über die Jahrhunderte hinweg in der Geistesgeschichte präsent und sorgte immer wieder für Anstöße und Entwicklungen.

## 2.2. Stoizismus vs. Epikureismus

Der Stoizismus war nicht die einzige große philosophische Strömung seiner Zeit. Die zweite mächtige Denkbewegung war der Epikureismus, der auf den namengebenden Philosophen Epikur zurückging. Beide philosophische Schulen nahmen zu ihrer Zeit - und teilweise auch später - den Status von Ersatzreligionen ein. Zwischen beiden Weltanschauungen gibt es große Ähnlichkeiten, aber auch wichtige Unterschiede.

Stoiker und Epikureer waren Materialisten. Für beide Denkrichtungen existiert kein Jenseits, kein Leben nach dem Tod. Entsprechend sind ihre Regeln und Lehren auf das Diesseits ausgerichtet, auf die Welt, die ausschließlich aus den vier bekannten und greifbaren Elementen Wasser, Erde, Feuer und Luft besteht.

Epikur wollte mit seiner Lehre den menschlichen Geist von allen quälenden Leidenschaften und Begierden befreien - ein Ziel, das auch der Stoizismus teilt. Insbesondere die Angst vor dem Tod und möglichen Strafen und Beschwerden in einer jenseitigen Welt wollte er den Menschen nehmen. Er sah sich als eine Art Psychotherapeut, als Seelenpfleger und -heiler. Damit befand er sich ganz auf der Linie der späteren Stoiker. Im Gegensatz zu vielen anderen Gemeinschaften der Antike stand seine Schule jedermann offen - auch Frauen und Sklaven. Epikur selbst hatte in den letzten Jahren seines Lebens mit einer schweren und schmerzhaften Unterleibserkrankung zu kämpfen, die er im Sinne seiner Philosophie tapfer ertrug.

Große stoische Philosophen wie Seneca erkannten die Gemeinsamkeiten zwischen Stoizismus und Epikureismus und griffen teilweise auch auf die epikureischen

Erkenntnisse und Methoden zurück. Mark Aurel förderte als römischer Kaiser zunächst den Epikureismus, ehe er, darauf aufbauend, den Stoizismus weiterentwickelte.

Einer der wichtigsten Unterschiede zwischen Stoizismus und Epikureismus ist die Weltflucht der Epikureer: Epikur verstand die Gesellschaft als Quelle des Schmerzes und pflegte den Leitspruch: »Lebe verborgen!« Er und seine Anhänger zogen sich deshalb weitgehend aus dem öffentlichen Leben zurück, füllten keine Ämter aus und gaben der Abgeschiedenheit den Vorzug. Anders als beim Stoizismus stand beim Epikureismus also eine Art von Lebensflucht im Vordergrund, nicht eine gelassene und souveräne Lebensbewältigung.

Diese Lebensflucht wurde in der Geschichte des Epikureismus verschieden gedeutet: Die späteren Epikureer suchten die Lust, wollten die verbleibende Lebenszeit so ausschweifend und umfassend wie möglich genießen. Sie glaubten an keine Götter und betrachteten die Welt als ein Zufallsprodukt, entstanden aus dem Zusammenstoß der Atome. Das Leben selbst begriffen sie als eine zufällige und sinnlose Existenz.

Epikur selbst hatte zwar auch die Lust zum höchsten Lebensziel erkoren, verstand dabei aber nicht in erster Linie den Genuss, sondern schlicht das Vermeiden aller Dinge, die das Gemüt beschwerten. Das Leben so unbelastet wie möglich zu führen, war Epikurs Ziel – auch in maßlosem Genuss sah er eine mögliche Belastung der Seele, genauso wie im sozialen oder politischen Engagement. Im heutigen Sprachgebrauch hat sich allerdings für Epikureer das Verständnis genusssüchtiger und oberflächlich orientierter Menschen gehalten.

Die Stoiker nahmen andere Bewertungen vor. Für sie war das höchste Gut nicht die Selbstverwirklichung im

Sinne eines möglichst großen Genusses, sondern ein tugendhaftes Leben, das zu einer sinnvollen Ordnung der Welt beitrug. Anders als die Epikureer glaubten sie an die Götter und vor allem die göttliche Vorsehung. Die Welt war für sie kein Zufallsprodukt, sondern ein zielgerichtetes System, dessen Ordnung sie erkennen und pflegen wollten.

Politisches und soziales Engagement stellte deshalb in den Augen der Stoiker eine sinnvolle Sache dar, mit der sie zu einer besseren Welt beitragen konnten. Nicht selbstgewähltes Exil, sondern aktive und konstruktive Teilhabe war das erklärte Ziel der Stoiker.

Im Gegensatz zum Stoizismus ist der Epikureismus auch sehr starr und konservativ erhalten geblieben. Die Lehre wurde nicht verändert, noch weiterentwickelt. Die Grundsätze des Gründers Epikurs blieben unantastbares Gesetz und erfuhren nur vereinzelt innerhalb der Schule eine streitbare Erörterung. Lediglich der Leitbegriff der Lust erfuhr die bereits beschriebene Bedeutungsverschiebung. Der Stoizismus hingegen wurde immer wieder mit neuem Leben erfüllt und mit neuen Alltagserfahrungen verquickt, um den Herausforderungen der Zeit standzuhalten.

Berühmte Epikureer waren die Dichter Horaz und Lukrez, auch Vergil werden epikureische Einflüsse nachgesagt. Auch diese klangvollen Namen konnten allerdings nicht verhindern, dass der Epikureismus mit der Zeit immer mehr als hedonistisches Streben nach einem genusssüchtigen Leben verstanden wurde – das Schwein galt schließlich als Symbol für Epikur.

Der Stoizismus wiederum galt als Gegenentwurf und wird heute eher mit asketischer Zurückhaltung in allen Dingen in Verbindung gebracht.

## 2.3. Die vier Tugenden des Stoizismus

Der Stoizismus, die Stoa, verdankt seinen Namen, wie wir bereits gelernt haben, einer griechischen Säulenhalle. Dieses Bild lässt sich übertragen, denn die Lehre des Stoizismus steht auf vier wichtigen und grundlegenden Säulen, die wir im folgenden Abschnitt kurz genauer vorstellen möchten. Obwohl die vier essenziellen Begriffe des Stoizismus eigentlich selbsterklärend sind und jedem Leser auf Anhieb etwas sagen werden, wollen wir auch sehen, was genau die Stoiker selbst darunter verstanden.

### 2.3.1. Klugheit

Die erste Tugend des Stoizismus, die Klugheit, geht noch auf den ursprünglichen Gründer der älteren Stoa zurück. Für Zenon von Kition ist Klugheit die Fähigkeit, zwischen dem Guten, dem Schlechten und dem Neutralen zu unterscheiden. Denn in diese drei Kategorien unterteilen die Stoiker alle Dinge, die es auf der Welt gibt.

Ob Zenon wirklich dieser Ansicht war oder ob sein viel später lebender Biograf Diogenes Laertios ihm diese Worte nur in den Mund gelegt hat, lässt sich heute nicht mehr feststellen. Für uns spielt das auch keine Rolle: Es zählt, dass diese Definition der Klugheit im Stoizismus bist heute ihre Gültigkeit besitzt.

Die Klugheit selbst gehört natürlich – nach Meinung der Stoiker – auch zu den guten Dingen. Hier würde auch ein moderner Mensch kaum widersprechen. Auch, dass Dummheit und Maßlosigkeit zu den schlechten Dingen gerechnet werden, ist für uns gut nachvollziehbar. Wir teilen ebenfalls die Ansicht, dass Gerechtigkeit etwas Gutes ist und Ungerechtigkeit etwas Schlechtes.

Andere Bewertungen der Stoiker wirken für uns hingegen überraschend und auf den ersten Blick nur schwer verständlich: Die Gesundheit, für uns ein immens wichtiges und rundum positives Gut, wurde von den Stoikern als ein neutrales Ding angesehen. Dahinter stand der Gedanke, dass die Gesundheit zu Gutem wie zu Schlechtem genutzt werden kann.

Denselben Vorbehalt kennen die Stoiker auch in Bezug auf Reichtum. Wie die Gesundheit, kann auch der Reichtum für positive und negative Zwecke eingesetzt werden. Natürlich könnte ein gewitzter Leser jetzt einwenden, dass auch die Klugheit zur Verwirklichung schlechter Absichten genutzt werden könnte. So mancher schlechte Mensch war schließlich unbestreitbar klug.

Die Stoiker sehen das aber anders: Sie unterscheiden zwischen Klugheit und Intellekt. Bei ihrer Definition von Klugheit schwingt das mit, was wir heute vielleicht „weise" nennen würden. Weisheit ist Klugheit, die das ethisch Richtige tut. Für die Stoiker kann ein schlauer Mensch, der Schlechtes tat, niemals wirklich klug sein. Klugheit erkennt und tut das Gute – und entlarvt und verwirft das Schlechte.

### 2.3.2. Tapferkeit

Zu Zeiten der ersten Stoiker, in der Antike, befanden sich zahlreiche Heldengeschichten in Umlauf. Jedes Kind kannte die Geschichte des Halbgottes Herakles, der mit den gewaltigsten Ungeheuern kämpfte und sogar den Hades, die griechische Totenwelt, stürmte. Oder den unverwundbaren Achilles, der Troja belagerte und den mutigen Jason, der dem niemals schlafenden Wächterdrachen im Hain des furchterregenden Kriegsgottes Ares das Goldene Vlies entwand.

All diese Taten, ob wirklich geschehen oder nicht, würden wir heute mit Fug und Recht als Musterbeispiele großer Tapferkeit ansehen. Aber es war nicht diese Art von Tapferkeit, die den ersten Stoikern vor Augen schwebte. Die Stoiker hatten etwas ganz anderes im Sinn: Unter Tapferkeit verstanden sie Beharrlichkeit, Ausdauer, Liebe zur Arbeit – oder kurz: Mut zum Leben.

Tapferkeit im Sinne des Stoizismus bedeutet, sich unverzagt dem Leben zu stellen. Es geht darum, die Geschehnisse und Widerfahrnisse des Alltags mit Ruhe und Gelassenheit anzunehmen und sich nicht erschüttern zu lassen. Der Stoiker steht aufrecht im alltäglichen Erleben, unbeeindruckt von allem, was auf ihn zukommt, sei es nun Gutes oder Schlechtes.

Tapferkeit ist für den Stoiker nicht die einzigartige, unwiederholbare Großtat bzw. der schicksalsträchtige Heldenkampf, sondern der Mut und die Kraft, unbeirrt die Herausforderungen des Alltags zu bestehen.

## 2.3.3. Gerechtigkeit

Dass die Stoiker die Gerechtigkeit als ein gutes Ding begreifen, haben wir bereits gesehen. Tatsächlich ist für die Stoiker gerechtes Denken und Handeln aber noch mehr als nur gut, es ist eine unverzichtbare und essenzielle Tugend. Vieles von dem, was die alten Stoiker unter Gerechtigkeit verstanden, würde auch mit unserer modernen Definition im Einklang stehen.

Der vielleicht wichtigste Punkt, mit dem sich die moderne Gesellschaft heute schwertun würde, ist die »Frömmigkeit gegenüber den Göttern«. Die antiken Götter, die damit gemeint waren, haben für uns heute längst keine Bedeutung mehr. Der Götterkönig Zeus, den der Stoiker

Kleanthes mit einem besonderen Hymnus würdigte, ist für uns heute nur mehr eine literarisch-mythische Gestalt.

Davon abgesehen ist das Verständnis von Gerechtigkeit, das die alten Stoiker hatten, auch für uns heute gut nachvollziehbar: Gerechtes Handeln ist ein Handeln, das der Allgemeinheit dient, das der Gesamtheit der Menschen gerecht wird und zugute kommt. Der Gerechte denkt nicht zuerst an sich selbst, sondern an das Wohl der Gesellschaft, in der er lebt. Damit schwingt für die Stoiker bei dem Begriff Gerechtigkeit auch zu einem guten Teil die Selbstlosigkeit mit.

Ein gerechter Mensch denkt nicht nur an sich und an das eigene Wohl, sondern richtet den Blick auf das große Ganze. Der Stoiker strebt eine wohlgeordnete, in sich ruhende Welt an, in der sich alle Kräfte im Gleichgewicht befinden und keine Unwucht entsteht. Damit befinden sich die Stoiker auf einer Linie, die bis heute von vielen Menschen ersehnt wird. In der Wahl der Mittel ist man dabei nicht immer zimperlich, sondern geht bisweilen äußerst radikal vor.

Im Gegensatz zu den zahlreichen Kämpfern für soziale Gerechtigkeit und eine Welt der Gleichheit, haben sich die Stoiker radikalen Methoden verweigert. Dafür bürgt nicht zuletzt die vierte wichtige Tugend: die Besonnenheit.

## 2.3.4. Besonnenheit

Die Welt dreht sich immer schneller. Das haben Menschen aller Zeiten so empfunden. Obwohl wir die moderne Welt als rasend und hektisch empfinden, gab es diese Tendenz schon in der Antike. Der sich schnell drehenden Welt setzten die Stoiker die Tugend der Besonnenheit entgegen.

Wir kennen das Sprichwort: In der Ruhe liegt die Kraft. Das ist in etwa auch der Hintergrund, vor dem die Stoiker die Besonnenheit zu einer erstrangigen Tugend erhoben haben. Die stoische Ruhe ist längst sprichwörtlich geworden und sogar im Duden zu finden – dabei wissen die meisten Menschen, die diese Formulierung gebrauchen, wahrscheinlich gar nichts über deren Wurzeln.

Unsere Welt handelt schnell. Mal bewusst, mal unbewusst – und häufig vorschnell. Zeit ist ein knappes Gut und ein Luxus, den sich nur wenige gönnen. Das Internet hat alles noch einmal beschleunigt. Sämtliche Angebote müssen rund um die Uhr zur Verfügung stehen, große Versandhändler bemühen sich um eine Auslieferung gleich am nächsten Tag. Hochmoderne Drohnen sollen Lieferungen sogar binnen weniger Stunden möglich machen.

Arbeitnehmer – und jeder andere auch – müssen rund um die Uhr erreichbar sein. Das Mobiltelefon ist zum zweiten Gehirn des Menschen geworden. Ständig zielt der Blick darauf, ob neue Nachrichten eingegangen sind, auf die man dann natürlich sofort reagieren muss.

Wer schnell reagiert, reagiert oft falsch. Wer im Affekt reagiert, lässt sich treiben und gibt die Fäden seines Handelns aus der Hand. Der Stoizismus bemüht sich um das Gegenteil. Nicht möglichst schnell, sondern unbestechlich ruhig will der Stoiker auf die Gegebenheiten des Alltags reagieren.

Zur Besonnenheit gehört für die Stoiker auch Ordnung und Organisation. Alles ist an seinem Platz, nichts wird durcheinandergebracht. Wenn die Dinge in Bewegung geraten, dann nur kontrolliert und ohne jeden Anflug von Unordnung oder gar Chaos. Diese Ordnung trägt dazu bei, dass der Stoiker den Ereignissen des Alltags mit Ruhe und Übersicht begegnen kann. Durch seine eigene Ordnung trägt der Stoiker wiederum zur Ordnung der Welt bei und steigert damit die Lebensqualität für alle Menschen.

Der Stoizismus pflegt die Struktur eines geordneten Lebens und schafft damit einen stabilen Rahmen für ein festes Netz, in dem sich die alltäglichen Nöte und Sorgen verfangen, ohne das Gemüt des Stoikers zu belasten. Der Stoiker spürt immer sicheren Grund unter seinen Füßen. Er ist nicht zu erschüttern oder aus der Fassung zu bringen.

## 2.4. Das Abc des Stoizismus (Kleines Lexikon der Stoiker)

Theorie mag kaum jemand gern, weit besser gefällt die Praxis. Handfest soll es zugehen und darum bemühen wir uns ja auch gern in diesem kleinen Buch. Damit die Theorie möglichst kurz gehalten werden kann, geben wir Ihnen an dieser Stelle einen bewusst knapp gehaltenen Überblick über die Kernbegriffe des Stoizismus. Diese Informationen sollen Ihnen bei der schnellen Orientierung helfen. Einige Begriffe stellen wir in einem späteren Kapitel über die Prinzipien des Stoizismus noch genauer vor und erläutern auch ihre Bedeutung für die Stoiker ausführlicher.

### Dialektik

Die Dialektik ist die Kunst, die richtigen Fragen zu stellen und damit den Erkenntnisgewinn voranzutreiben. Lernen durch Diskurs. Dialektik leitet sich von Griechisch dialégesthai (›sich unterreden‹) ab und verweist damit auf das Gespräch unter Gelehrten. Für den großen griechischen Philosophen Sokrates war die Dialektik die alleingültige Lehrmethode.

### Erkenntnistheorie

Die Erkenntnistheorie ist ein Teilbereich der Logik, die eines der drei grundlegenden Prinzipien des Stoizismus darstellt. Bei der Erkenntnistheorie geht es darum, die verlässlichen Kriterien für eine Wahrheitsfindung festzulegen. Die Wahrnehmung und damit die Wahrheitsfindung des Menschen basiert auf subjektiven Sinneseindrücken. Die Erkenntnistheorie bemüht sich darum, die Meinung sorgfältig von den Fakten zu trennen und sich damit der Wahrheit so eng wie möglich anzunähern.

## Ethik

Der Stoizismus unterteilt die Welt in drei Prinzipien: Ethik, Logik und Physik. Die Ethik ist dabei das vornehmste Prinzip und steht an erster Stelle, Logik und Physik sind ihr nachgeordnet. Die Ethik definiert das tugendhafte Handeln, das insbesondere für die Stoiker sehr wichtig und ein Schlüssel zum sinnerfüllten Leben war.

## Logik

Die Logik ist das Gerüst, das den übrigen Prinzipien einen festen Halt gibt. Die Logik ist das analytische und systematische Werkzeug, mit dem sich die Stoiker der für sie wichtigen Ethik und Physik nähern. Die Logik verhindert Willkür und Affekte und hilft bei der Einordnung der persönlichen Wahrnehmung. Die Logik setzt sich zusammen aus den Teilbereichen Dialektik, Erkenntnistheorie und Rhetorik.

## Materialismus

Die Stoiker waren wie die Epikureer Materialisten. Das bedeutet, dass sie annahmen, dass die gesamte Welt, einschließlich des Gottes oder der Götter, aus Materie besteht. Es existiert nichts Außerweltliches. Alles Seiende ist in irgendeiner Form Teil der Materie.

## Monismus

Die Philosophie der Stoiker ist monistisch. Der Monismus leitet sich ab vom griechischen monos (›allein‹, ›einzig‹) und besagt, dass alles Sein einem einzigen Prinzip entspringt. Für die Stoiker war dieses Urprinzip das Feuer, aus dem Erde, Luft und Wasser hervorgingen und die materielle Welt bildeten. In dieser Annahme folgten die Stoiker dem vorsokratischen Philosophen Heraklit.

## Physik

Die Physik ist der Versuch einer Erklärung der Natur. Die Physik der Stoiker war materialistisch. Für sie bestand alles aus Materie, auch das göttliche Prinzip, das die Welt durchwirkte und mit Vernunft beseelte.

## Rhetorik

Die Rhetorik ist bei Weitem kein Alleinstellungsmerkmal des Stoizismus, sondern beschäftigt die Anhänger sämtlicher philosophischer Schulen der Antike. Bei der Rhetorik geht es darum, die gewonnenen Erkenntnisse in verständliche Worte zu fassen und auf ansprechende und vor allem überzeugende Weise vorzutragen.

## 2.5. Was Stoiker nicht tun würden: Die Sünden des Stoizismus

Wir haben bereits gehört, dass die Stoiker in der Tapferkeit eine besondere Tugend erblickten. Im Gegensatz zur landläufigen Meinung verbindet der Stoizismus die Tapferkeit aber nicht mit besonderer Tatkraft. Für den Stoiker geht es nicht in erster Linie darum, etwas zu tun, sondern vor allem darum, bestimmte Dinge zu unterlassen – sie also nicht zu tun.

### Nicht von Sorgen beunruhigen lassen

Der große Stoiker Epiktet stellte schon vor mehr als tausend Jahren fest, dass sich Menschen am ausdauerndsten und häufigsten um Dinge sorgten, die sie gar nicht beeinflussen könnten. Sorgen sind für viele Menschen eine Alltagserscheinung. Stoiker sorgen sich nicht, sondern konzentrieren sich auf die Dinge, die sie beeinflussen können. Diese Haltung wird mitunter als Egoismus missverstanden, aber das ist keineswegs richtig. Stoikern ist ihre Umwelt nicht gleichgültig, sie lehnen es nur ab, sich mit Dingen aufzuhalten, die sie nicht ändern können.

Stoiker verschwenden an diese Unabänderlichkeiten keine Kraft und Energie. Dadurch schonen sie Ressourcen und können diese für sinnvolle Aufgaben gebrauchen. Ein Mensch, der sich immer zu sorgt und ständig grübelt, ist mit Sicherheit kein Stoiker. Sorgen verdunkeln das Firmament der Seele, bis schließlich kein Lichtstrahl mehr einen gangbaren Weg erhellt. Für manche Menschen hat dieser undurchdringliche Sorgenvorhang in Verzweiflung und Suizid geendet. Die Stoiker gestehen den Sorgen diese Herrschaftsmacht nicht zu.

Sorgen, die nicht ständig behandelt werden, verlieren an Schärfe. Und wenn genügend kleine und gangbare Schritte gemacht werden, lässt sich manche als unüberwindlich scheinende Distanz mit einem Mal doch überbrücken. Die Stoiker fokussieren sich auf diese gangbaren Schritte und kommen lieber langsam vom Fleck, als sich im Kreis zu drehen. Selbst ein vorübergehender Stillstand ist besser als ein Rückschritt oder ein Abkommen vom Weg.

Stoiker kennen auch keine Todesangst. Epiktet hat einmal sehr trocken festgestellt: „Sterben muss ich sowieso. Wenn ich also jetzt sterben muss, dann sterbe ich eben. Sterbe ich aber nicht jetzt, dann gehe ich zum Mittagessen und sterbe ein anderes Mal, denn fürs Mittagessen wäre es jetzt eigentlich die Zeit.“ Der Tod ist natürlicher Teil der einen Welt, die die Stoiker kennen. Irgendwann kommt er – und wenn nicht jetzt, dann ein anderes Mal. Bis es so weit ist, erledigt jeder das, was getan werden muss. Sie brauchen den Tod als Stoiker nicht zu fürchten, denn Sie können ihn nicht beeinflussen.

## Nicht die Fassung verlieren

Kennen Sie die berühmte Comic-Figur Donald Duck? Haben Sie ihn vor Augen, wie er – hosen- und fassungslos – tobend auf einem Bein durch den Raum hüpft und die geballte Faust emporgereckt eine unverständliche Kaskade an Schimpfworten ausstößt? Dieses Muster an Selbstbeherrschung ist in etwa das exakte Gegenteil von dem, was ein Stoiker tun würde.

Ein Stoiker haut nicht mit der Faust auf den Tisch, auch wenn das heute vielerorts wieder als Tugend gilt. Der Stoiker handelt nicht aus dem Zorn heraus. Die berühmten und berüchtigten Kurzschlusshandlungen sind Stoikern fremd. Stoiker besitzen eine lange Lunte, eine sehr lange. Der Funke muss daran einen so weiten Weg zurücklegen, dass er schließlich verlöscht, bevor er Schaden anrichten kann.

## Nicht von Emotionen treiben lassen

Mitunter ist die Rede davon, dass Menschen sich bei Entscheidungen und Handlungen von ihren Emotionen leiten lassen. Das Wort ›leiten‹ ist hier aber ein Euphemismus, denn eigentlich sind Menschen, die ihren Emotionen folgen, Getriebene. Denn in den meisten Fällen steht dahinter nicht eine bewusste Entscheidung, sondern ein Affekt.

Oft sind es auch Leidenschaften, die als Emotionen verbrämt werden. Leidenschaften aber können zerstörerisch sein. Ob gute oder schlechte Emotionen, ob Liebe und Mitgefühl oder Wut und Hass – der Stoiker hegt solche Empfindungen nur in sehr begrenztem Maß und begegnet seiner Umwelt mit beherrschter Gleichmut und friedvoller Gelassenheit.

## Nicht vom Ehrgeiz und Gier beherrschen lassen

Selbstverwirklichung und Karrierestreben sind Kernbegriffe vieler heutiger Lebensplanungen. Dem Ziel des eigenen Fortkommens ordnen viele Menschen alles unter. Es ist der eigene Weg, der zählt, und dessen Etappen man ausschließlich im Blick behält. Die Stoiker verstanden das Leben nicht als einen singulären Weg, den ein Mensch ohne Rücksicht auf Verluste oder wenigstens unter hoher Priorisierung seiner eigenen Ziele geht.

Für die Stoiker ist das Leben ein Netz mit zahlreichen Knotenpunkten. Die Leben aller Menschen waren und sind miteinander verknüpft, die Gesellschaft benötigt das tugendhafte Handeln des Einzelnen. Das Leben des Einzelnen kann nur gelingen, wenn er dazu beiträgt, dass die Gesellschaft als Ganzes gelingt. Übertriebener und beherrschender Ehrgeiz ist dabei nur schädlich.

Das Leben ist ein Mannschaftsspiel: Man muss bei jedem Spielzug auch einen Blick für die Mitspieler bewahren. Sonst läuft man Gefahr, dass man sich verrennt und festläuft und die Partie in einer Sackgasse endet. Stoiker würden nicht verbissen einem Ziel nachjagen und diesem alles unterordnen. Sie bewegen sich mit dem Strom und lassen die Ziele auf sich zukommen.

Stoiker wissen, dass Erfolgsstreben ein endloser Weg ohne wirkliches Ziel ist, ebenso wie die Gier. Seneca sage: „Ein Habsüchtiger lässt sich durch keinen Gewinn sättigen." Darin liegt viel Wahrheit: Das Motto unserer Zeit ist schneller, höher, weiter. Davon hält sich der Stoiker fern. Denn damit würde er sich auf einen endlosen Lauf begeben, an dessen Ende er ausgebrannt, unbefriedigt und leer zurückbliebe.

## Nicht wundern und überraschen lassen

Von Mark Aurel stammt das Gebot, dass Stoiker sich nicht einmal wundern dürfen. Stoiker sind sich ihrer Sache gewiss. Es gibt keine Überraschung, die sie ratlos zurücklässt. Alles, was geschieht, ist ein selbstverständlicher Teil des Lebens und sollte mit Gleichmut hingenommen werden. Ereignisse haben ihren angestammten Platz und dürfen einen Stoiker nicht überfordern. Da der Stoiker nichts erwartet, kann ihn auch nichts verwundern. Er geht seinen Weg, sieht, erkennt und akzeptiert. Wunder und Überraschungen sind das Ergebnis eigener Erwartungen.

Der Stoiker hütet sich vor einer solchen Erwartungshaltung. Wer erwartet, wird enttäuscht. Der Stoiker hegt keine unrealistischen Erwartungen und wird deshalb auch nicht enttäuscht. Wenn ein Stoiker überhaupt Erwartungen hegt, dann auf der Grundlage realistischer Erfahrungswerte. Viele Menschen scheitern an einer überzogenen Erwartungshaltung und übersehen mit ihrem ständigen Blick zum Himmel das Gute auf der Erde, das vielleicht direkt vor ihnen liegt und wahrgenommen werden will.

## Nicht von Fehlern irritieren lassen

Fehler sind menschlich und kommen vor. Stoiker nehmen Sie zur Kenntnis und korrigieren sie. Fehler sind nur dann ein wirkliches Problem, wenn sie zum Hindernis werden und Menschen am Fortkommen und einer gesunden Entwicklung behindern. Jeder Mensch macht Fehler, auch der weiseste und engagierteste Stoiker. Wir werden in einem späteren Kapitel erfahren, dass sogar einer der größten und berühmtesten Philosophen aller Zeiten, der gefeierte Seneca, einen Fehler machte, der ihm später sehr unangenehm war. Er hat sich aber von diesem Fehler nicht davon abhalten lassen, seine Philosophie weiterzuentwickeln.

Fehler sind nicht unbedingt etwas Schlechtes. Sie helfen dabei, das Richtige herauszuarbeiten. Das Problem beim Umgang mit Fehlern sind nie die Fehler an sich. Es ist das sensible menschliche Ego, der eigene Stolz. Hier setzt der Stoiker seine Gelassenheit entgegen. Der Stoiker ist nicht stolz. Er ist Teil eines strömenden Flusses. Er tut, was er kann und was er soll. Es gibt deshalb keinen Grund, stolz zu sein. Stolz wäre verfänglich und einem ruhigen Fortkommen hinderlich. Ein Fehler ist nichts weiter als eine negative Rückmeldung. Ein Wegweiser. Wären Sie im Straßenverkehr zu stolz, die Richtung zu wechseln, weil Sie sich nicht eingestehen wollen, dass Navigationssystem oder Karte es besser wissen als Sie? Der Stoiker nimmt die Tatsachen dankbar zur Kenntnis und reagiert darauf.

Fehler sind nur aufkommende Tatsachen. Keinen Grund für Ärger, kein Grund für Scham. Nur der Impuls zu einer gelassenen Kurskorrektur. So machen es die Stoiker. Überlassen Sie die Aufregung und Panik den anderen. Vor allem aber: Gestatten Sie sich keine Schuldgefühle. Ein Stoiker lädt keine Schuld auf sich, denn er handelt immer in Ruhe, Gelassenheit und nach bestem Wissen und Gewissen. Wenn unabänderliche Faktoren dazu führen, dass die ausgeführte Handlung nicht das erstrebte Ergebnis bringt, dann bewertet der Stoiker die Situation neu und passt seine Handlungsweise an.

## Nicht im Elfenbeinturm leben

Es wird gerade den Philosophen und Gelehrten gerne nachgesagt: Sie lebten abgehoben in ihrer eigenen Gedankenwelt und hätten keine Berührungspunkte mit dem Alltag. Das mag auf viele große Denker zutreffen, bei den Stoikern ist aber gerade das Gegenteil der Fall. Stoiker stehen mitten im Leben. Anders als die Epikureer, die sich in das Verborgene flüchten wollten, ist es den Stoikern gerade ein Anliegen, Teil der Gesellschaft zu sein und eine sinnvolle und fruchtbare Rolle auszufüllen.

Das bedeutet in der Praxis: Stoiker zeigen Präsenz. Sie ziehen sich nicht zurück, sie igeln sich nicht ein, sie schotten sich nicht ab. Stoiker wollen Teil des Mechanismus sein und zur Funktionalität der Welt beitragen. Sie wählen ihre Kontakte zwar sorgfältig, aber sie pflegen sie. Sie machen nicht überall mit, aber sie beteiligten sich konstruktiv an den passenden Aufgaben. Stoiker sind effizient und zuverlässig. Wenn ein Stoiker durch die Übernahme eines öffentlichen Amtes einen positiven Effekt auf die Gesamtgesellschaft erzielen kann, dann tut er es. Das unterscheidet die Stoiker von der konkurrierenden bzw. ähnlichen Bewegung der Epikureer.

Der Stoiker nimmt Anteil an seiner Umwelt und fühlt sich für sie verantwortlich. Stoiker sind niemals Egoisten, sondern konstruktive Teilhaber der Gesellschaft.

## Nicht von der Meinung anderer abhängig machen

Heute wird viel auf die Meinung anderer Menschen gegeben. Das war eigentlich schon immer so: Menschen wünschen sich Anerkennung und wollen den aktuellen Trends folgen. Im Zeitalter von Facebooks, YouTube und den begehrten Likes sieht die Sache aber noch viel extremer aus. Auch droht bei einer unpopulären Ansicht oder Handlung auch immer der berüchtigte Shitstorm.

Dem Stoiker ist das völlig gleichgültig. Er lässt zum einen Beleidigungen und Vorwürfe aller Art an sich abperlen und reagiert mit gleichbleibender Freundlichkeit. Stoiker halten sich nicht mit Streit und emotionalen Reaktionen auf. Sie argumentieren konstruktiv, halten sich an die Fakten, soweit diese ihnen bekannt sind, und verzichten auf alle emotionalen und subjektiven Einschübe.

Stoiker versuchen nicht, andere zu beeindrucken. Sie beeindrucken ausschließlich sich selbst. Man kann es auch so ausdrücken, wie es der Stoiker Musonius formulierte: „Du wirst bei allen Menschen Ehrfurcht erwecken, wenn du vorher begonnen hast, vor dir selbst Ehrfurcht zu empfinden.“ Der Stoiker ist an der Entwicklung seiner eigenen Persönlichkeit interessiert, nicht an der Konstruktion einer glitzernden Fassade, die mit mehr Schein als Sein ihre Umwelt beeindruckt.

Bei dieser Haltung hilft den Stoikern auch der fehlende Wunsch, im Vordergrund zu stehen. Es handelt sich nicht um Menschen, die im Mittelpunkt stehen möchten, die sich Aufmerksamkeit wünschen, die nach Applaus und Zustimmung gieren. Das alles interessiert den Stoiker nicht. Das bedeutet: Der Stoiker ist nicht abhängig von Beifall oder Widerspruch. Er sucht allein nach der Wahrheit. Stoizismus will alles immer besser machen – nicht für den Einzelnen, sondern für die gesamte Welt.

# 3. Die beiden essenziellen Fragen im Stoizismus und ihre Antwort

Auch wenn die alten Stoiker als Philosophen viel Zeit mit gelehrten Diskussionen zubrachten, ging es ihnen eigentlich nicht um graue Theorie, sondern um lebendige Praxis. Die Stoiker wollten bereits das, was uns modernen Menschen ebenfalls so erstrebenswert und wichtig erscheint und worum so viele Workshops und Ideen kreisen: Sie wollten ein glückliches und erfülltes Leben führen. Und es schien ihnen nur logisch, dass sie für ein solches Leben auch selbst gute Menschen sein müssten. Deshalb beschäftigten sich die Stoiker im Kern mit diesen beiden Fragen – und fanden schlüssige Antworten. Denn genau darum geht es ja beim Stoizismus: praxistaugliche Antworten auf die entscheidenden Fragen des Lebens zu gewinnen.

## 3.1. Wie kann ich ein glückliches und erfülltes Leben führen?

Um sich diese Frage zu stellen, muss man wahrlich kein Stoiker sein. Wahrscheinlich wurde keine Frage häufiger gestellt als diese – und wahrscheinlich haben Sie selbst sich mit dieser Frage auch schon auseinandergesetzt. Sehr häufig und auf ganz verschiedene Weise wurde versucht, diese Frage zu beantworten. Nicht alle dieser Antworten überzeugen. Um ehrlich zu sein, sind die meisten mehr als unbefriedigend. Deshalb lohnt es sich, einmal genau hinzuhören, was die Stoiker zu diesem Thema zu sagen haben.

### 3.1.1. Die Natur verstehen und im Einklang mit ihr leben

Die Überschrift klingt ein wenig nach esoterischem Hippie-Dasein, aber so haben die Stoiker diese Regel nicht verstanden. Den Stoikern war keineswegs, wie manchmal behauptet wird, alles egal. Stoizismus bedeutet nicht Gleichgültigkeit. Die Stoiker waren sich aber darüber im Klaren, dass die Natur nach bestimmten Gesetzen funktioniert, die sich nicht ändern lassen.

Die Stoiker waren deshalb darum bemüht, diese Gesetze so gut wie möglich kennenzulernen und zu verstehen. Indem sie sich in den natürlichen Fluss der Dinge einfügten, mussten sie nur wenige Reibungsverluste hinnehmen. Dabei ging es den Stoikern aber gerade nicht um den berüchtigten Weg des geringsten Widerstandes. Vielmehr wollten sie, wie zum Beispiel ein Judokämpfer, die auf sie einwirkenden Kräfte aufnehmen und in eigene Bewegungen und Handlungen umwandeln.

Um es mit einem weiteren, eingängigen Bild zu sagen: Die Stoiker waren Maler und das Leben ihr Gemälde. Um ein möglichst perfektes Kunstwerk zu erschaffen, bemühten sie sich darum, die ihnen zur Verfügung stehende Palette so exakt wie möglich zu beherrschen. Das Verständnis der Natur – also der unabänderlichen Gesetze, denen wir alle unterworfen sind –, war für die Stoiker ein wichtiger Schlüssel zu einem glücklichen und erfüllten Leben.

### 3.1.2. Kenne dich selbst und sei du selbst

Heute hört sich so mancher Gelehrte (oder weniger Gelehrte) gerne selbst reden und predigt seinem Publikum, sei das Thema nun interessiert oder nicht. Der wahre Stoiker setzt nicht bei anderen an, sondern bei sich selbst.

Lernen Sie sich selbst kennen, definieren Sie klar und unmissverständlich Ihre Stärken und Schwächen, Ihre Eigenschaften als Person und handeln Sie danach. Immer und überall. Dabei geht es dem Stoiker nicht in erster Linie um die vielbeschworene Authentizität - vielmehr steht eine ausgewogene und gelingende Lebensführung im Mittelpunkt. Diese kann aber nur gelingen, wenn Sie sich Ihrer selbst gewiss sind.

Anders ausgedrückt: Um ein Auto richtig zu fahren, müssen Sie genau wissen, wie Gangschaltung, Gas, Bremse und Lenkrad funktionieren. Und je intuitiver und sicherer Sie alle Armaturen im Griff haben, desto schneller und sicherer können Sie auf alle Unwägbarkeiten im Verkehr reagieren. Neulinge und unsichere Fahrer müssen dagegen ständig überlegen und nachschauen - das sind keine guten Voraussetzungen für eine sichere Fahrt.

Ein Stoiker weiß, wer er ist - und er zieht aus seinen Fähigkeiten und Veranlagungen den höchstmöglichen Nutzen, indem er sich so gut wie möglich darauf einstellt.

### 3.1.3. Realistische Ziele setzen und dankbar sein

Viele Menschen sind vor allem deshalb unglücklich, weil ihre Erwartungen sich nicht erfüllen. Das hängt in vielen Fällen damit zusammen, dass die Erwartungen unrealistisch sind. Die Tagträume, die eifrig gepflegt werden, haben keinerlei Verankerung in der Realität. Die Menschen hoffen auf einen Lottogewinn – und füllen vielleicht nicht einmal einen Tippzettel aus. Manchmal liegt es daran, dass die Menschen sich ihrer selbst nicht ausreichend bewusst sind. Sie kennen ihre Stärken und ihre Schwächen nicht in exaktem Maße. Das führt dazu, dass sie sich Dinge zutrauen, die sie unmöglich bewältigen können.

Manchmal ist es auch so, dass sich der menschliche Geist nur mit den Sehnsuchtsorten beschäftigt. Mit den unerreichten Zielen, mit den Dingen, die man haben möchte, aber nicht besitzt. Das ist ein Fehler.

## 3.2. Wie kann ich ein guter Mensch sein?

Die meisten oder doch zumindest sehr viele Menschen möchten gerne gute Menschen sein. Dieser Vorsatz ist mit der Schwierigkeit belastet, dass die Definition eines guten Menschen gar nicht so eindeutig ist. Weil Taten mehr sagen als Worte und die konkrete praktische Definition leichter ist als die abstrakte theoretische, ist ein guter Mensch wohl einer, der gute Taten vollbringt.

### 3.2.1. Sich als Teil eines größeren Ganzen begreifen

Der ausgeprägte und teils aggressive Individualismus der modernen Gesellschaft war den Stoikern fremd. So sehr wie sie sich bemühten, die Gesetze der Natur zu verstehen und ihre Kräfte und Energien zu nutzen, so sehr trachteten sie auch danach, die menschliche Gesellschaft als Ganzes besser zu machen. Die Stoiker wussten nur zu gut, dass kein Mensch eine Insel ist und für sich allein existieren kann. Aus dieser Erkenntnis zogen sie ihre Schlüsse.

Verschwenden Sie Ihre Energie nicht auf Gier, Vorurteile, Abneigungen und überhaupt allen Ansichten und Einstellungen, die in Ihrem Willen liegen. Negative Emotionen kosten Zeit und Energie und bringen Sie nicht weiter. Gehen Sie über derartige Widerstände hinweg und handeln Sie konstruktiv und positiv. Fokussieren Sie sich auf sich selbst. Die Eigenschaften und Handlungen Ihrer Mitmenschen können Sie nicht beeinflussen, wohl aber Ihre eigenen. Tugendhaftes Handeln setzt bei der eigenen Person an und wirkt sich auf diese Weise positiv auf andere aus.

### 3.2.2. Wahrer Erfolg liegt im tugendhaften Handeln

Menschen neigen dazu, ihr Streben auf Gewinn auszurichten. Gewinn an Macht, Einfluss und Besitz. Da es von diesen begrenzten Gütern nicht ausreichende Mengen gibt, um allen Menschen den gleichen Teil zuzubilligen, sind konkurrierendes Handeln, krankhafter Ehrgeiz und Missgunst die Folge. Die Stoiker sahen diese Problematik klar und zogen eine ebenso klare Lehre daraus.

Wenn Sie wirklichen und dauerhaften Erfolg haben möchten, dann dürfen Sie sich nicht auf vordergründige und oberflächliche Ziele fokussieren. Der Schlüssel zu Ihrem Erfolg liegt in Ihnen selbst. Arbeiten Sie an sich, nicht an Ihren Zielen! Machen Sie sich selbst zu Ihrem wichtigsten Gut und nicht irgendwelche Dinge, die letztlich nur aus anderen, kleineren Dingen zusammengefügt wurden und jederzeit vergänglich und ersetzbar sind.

## 3.3. Ihre Antwort ist richtig!

Zwei Fragen, viele Antworten. In der Schulprüfung war das meist ein schlechtes Zeichen und bedeutete, dass viele Antworten falsch sein mussten. In der Folge zückte der Lehrer den berüchtigten Rotstift und strich kräftig an und durch. Das konnte einem schon die Freude an Leben und Unterricht nehmen. Hier liegt die Sache aber anders, hier heißt es: Ihre Antwort ist richtig!

Denn alle Antworten, die wir auf die beiden essenziellen Fragen im Stoizismus gegeben haben, sind nur Möglichkeiten – und keine Verbindlichkeiten. Am Ende des Tages ist es Ihre eigene, ganz persönliche Antwort, die zählt. Denn jedes Leben und jede Persönlichkeit ist individuell und kann nicht in ein festes System aus starren Koordinaten gegossen werden.

Sie müssen Ihr Leben selbst leben, in eigener Verantwortung – und mit eigenen Entscheidungen. Das ist eine gute Nachricht, denn es schafft Ihnen viel Raum und großartige Möglichkeiten. Die Erkenntnisse und Überzeugungen der Stoiker können dabei wertvolle Hilfestellungen sein. Es lohnt sich, die tiefsinnigen Gedanken der klugen Männer zu beherzigen.

Mit diesem nützlichen Werkzeug können Sie sich daranmachen, Ihren eigenen Wanderstock zu schnitzen. Passgenau auf Sie zugeschnitten, eine feste Stütze und ein wehrhafter Stab. Ihr Leben gehört Ihnen und wie Sie es leben, liegt in Ihrer Verantwortung und in Ihrem Wollen. Sie müssen Ihre eigene Erfüllung finden sowie Ihren eigenen Weg, ein guter Mensch zu sein.

# 4. Die Grundprinzipien des Stoizismus

Wenn Sie bis hierhin fleißig und aufmerksam gelesen haben, dann hat sich bestimmt schon ein gewisses Bild des Stoizismus herausgeformt. Deshalb ist jetzt der richtige Augenblick, um die eigentlichen Prinzipien des Stoizismus einmal bündig zu formulieren, um das vielleicht noch etwas schwammige Bild an den richtigen Stellen zu schärfen. Dabei geht es vor allem um die Basis, um das grundlegende Fundament, das Weltbild der Stoiker, auf dem sie ihre Lehre aufbauten. Auf die Details dieser Lehre werden wir dann im nächsten Kapitel eingehen – ganz praktisch anhand lebendiger Beispiele: nämlich anhand der größten Philosophen und Väter des Stoizismus, wie wir ihn heute noch verstehen.

Eine wichtige Bemerkung müssen wir unseren Ausführungen voranstellen: Der Stoizismus ist nicht, wie oft behauptet wird und zu lesen ist, eine Haltung der Gleichgültigkeit. Dem Stoiker ist nicht alles egal, er regt sich nur über nichts auf. Es geht um Gleichmut, nicht um Gleichgültigkeit.

## 4.1. Das stoische Weltbild: Alles ist miteinander verbunden

Für die Stoiker gab es – anders als für die Epikureer – nur einen einzigen Gott und eine einzige Welt. Das Gottesbild der Stoiker darf allerdings nicht mit dem der Juden und Christen verwechselt werden, das unser abendländisches Denken geprägt hat. Für die Stoiker war die Gottheit Teil der Welt und damit der Materie. Alles Seiende war Materie, außerhalb existierte nichts. Und alles Materielle war miteinander verbunden! Nichts existierte losgelöst und für sich selbst. Im Weltbild der Stoiker gab es keine Unabhängigkeit.

Der Anfang aller Materie und damit der Welt lag für die Stoiker im Urfeuer, das sie Äther nannten. Der göttliche Aspekt der Welt ist die Vernunft, die die Materie beseelt. So hat alles, was geschieht, seine Ursache, alle Ereignisse und Lebewesen hängen auf eine Weise miteinander zusammen. Für Mark Aurel war diese Verbindung in seinen Selbstbetrachtungen ein heiliges Band, das die Welt mit dem Ziel der vollständigen Harmonie verknüpft. Das Individuum, der einzelne Mensch, hat nun die Möglichkeit, mit dem Strom dieser Verbindung zu schwimmen und zu ihrem Gelingen beizutragen, oder sich dagegen aufzulehnen und im Strudel von Chaos und Desorientierung zu versinken.

## 4.2. Wahrheit kennt kein Gefühl: In der Ruhe liegt die Erkenntnis

Schnell dreht sich die Welt und noch schneller keimen Gefühle auf, die diffuse Ansichten und Überzeugungen vermitteln. Die Stoiker waren sich dieses Umstandes bewusst und setzten eine klare Regel dagegen: Eine belastbare Erkenntnis ist nur dann möglich, wenn Gefühle und Affekte beherrscht werden. Eindrücke, die von Gefühlen und Trieben überlagert werden, sind falsch, in hohem Maße subjektiv und entsprechen deshalb nicht der Wahrheit. Wer die Wahrheit im Sinne des Stoizismus finden und formulieren möchte, muss seine Gefühle und Triebe beherrschen.

Die Logik der Stoiker verknüpft Sprache und Vernunft. Erkenntnisse der Wahrheit sind wenig nützlich, wenn sie nicht adäquat artikuliert werden können. Das bedeutet, die Sprache der Stoiker muss klar und präzise sein und möglichst keine Fehldeutung zulassen. Vor diesem Hintergrund bemühten sich die Stoiker nicht nur um eine intellektuelle und philosophische Durchdringung der Welt, sondern beschäftigten sich auch eingehend mit der Systematik der Sprache. Dieses Werkzeug war für sie unverzichtbar, damit ihre Erkenntnisse der Um- und Nachwelt unmissverständlich vermittelt werden konnte.

## 4.3. Die Welt als Bienenstock: Gesellschaft durch Gemeinschaft

Auch wenn die Stoiker selbst dieses Bild nicht gebrauchten, so ist ihr Verständnis von der menschlichen Gesellschaft doch sehr mit den Bienen vergleichbar. Wir kommen nicht umhin, die Bienen sehr zu bewundern. Sie bilden riesige Völker, in denen jedes einzelne Tier seinen festen und unverrückbaren Platz hat, den es widerstandslos mit großem Eifer ausfüllt. Das grassierende Bienensterben ist eine der größten Nöte unseres Planeten: Das Fortbestehen von Flora und Fauna ist ernsthaft bedroht.

Genau dieses Verständnis pflegten die Stoiker auch vom Menschen – denn auch das Vorhandensein und Verhalten der Menschen übt entscheidenden Einfluss auf unsere Welt aus. Der Mensch ist Teil der Natur, Glied einer funktionalen Kette, die ihren Nutzen und ihre Wirkung nur dann entfalten kann, wenn jeder Einzelne seine Stärken zum Wohl des Ganzen einsetzt. Die menschliche Gesellschaft entsteht durch die Zusammenarbeit der Gemeinschaft, in der jeder Mensch seine ihm eignende Rolle ausfüllt. Weil aber in der gesunden, funktionierenden Gemeinschaft sich das Individuum selbst auch besser fühlt, entsteht eine Wechselwirkung, die allen Seiten nutzt.

# 5. Die bekanntesten stoischen Philosophen und ihre Anhänger

Wir haben bereits gehört, dass die drei berühmtesten stoischen Philosophen allesamt der jüngeren Stoa angehörten. Wenn aus heutiger Sicht Bezug auf die Lehren der Stoa genommen wird, dann geht es in der Regel um diese drei Männer, die wir im Folgenden kurz genauer vorstellen möchten. Die Ordnung ist nicht chronologisch, sondern entspricht ihrem Bekanntheitsgrad innerhalb der modernen Anwendung des Stoizismus, denn – jenseits allen Geschichtsinteresses – geht es uns vor allem um Alltagstauglichkeit.

## 5.1. Marcus Aurelius

Marcus Aurelius oder Mark Aurel war nicht nur ein großer Denker und Philosoph, er war nebenbei auch noch Lenker und Leiter eines der mächtigsten Reiche, die die Welt je gesehen hat: Er war der Kaiser von Rom. Als solcher besaß er ungeheure Macht und auch ein riesiges Vermögen, aber gerade an diesen Dingen zeigte er sich recht wenig interessiert. Mark Aurel erwies sich als Mann des Geistes, der den tiefsinnigen Diskurs den kriegerischen Eroberungszügen seiner Vorgänger vorzog. Seine schriftlich festgehaltenen philosophischen Selbstbetrachtungen brachten ihm in der späteren Geschichtsschreibung den Beinamen »Philosophenkaiser« ein.

Mark Aurel selbst verstand sich nicht als Philosoph, weil ihn seine alltäglichen Verpflichtungen – nach seinem Verständnis – davon abhielten, seine Lehren in gebührender Weise zu durchdenken. Schon in frühen Jahren zeichnete sich ab, dass er seiner eigentlichen Berufung nur begrenzt würde nachgehen können. Dabei entstammte er keiner Adelsfamilie Roms, er war kein Patrizier, sondern ein Plebejer, also ein Mann aus dem einfachen Volk, und es war keineswegs zu erwarten, dass sein Lebensweg ihn auf den Kaiserthron des Imperiums führen würde.

Zu Zeiten von Mark Aurel hatten die römischen Kaiser Schwierigkeiten, ihre jeweilige Nachfolge zu sichern. Es fehlte an leiblichen Nachfolgern, darum wurden vielfach Söhne adoptiert – so gelangten die sogenannten Adoptivkaiser auf den Thron. Mark Aurel war der letzte unter ihnen. Antoninus Pius, der Vater seiner Tante, adoptierte ihn, um die Erbfolge zu sichern. Damit wurde das Leben des jungen Marcus Aurelius von einem Tag auf den andern vollkommen auf den Kopf gestellt!

Als Kaiser war er zwar Herr über das ganze mächtige römische Imperium – aber nicht über sich selbst. Jeder Tag hielt zahlreiche Pflichten für ihn bereit, denen er sich mit großem Verantwortungsbewusstsein stellte. Innere wie äußere Angelegenheiten des Reiches mussten geordnet werden. Diese Angelegenheiten stellten überwiegend Konflikte dar: Innere Spannungen drohten das Imperium zu zerreißen und Angriffe von außen erschütterten es in seinen Grundfesten.

Immer wieder musste Mark Aurel Kriege führen, die er eigentlich nicht wollte. Noch im hohen Alter zwangen ihn seine kaiserlichen Pflichten, die warme Gelehrtenstube gegen die nasskalten, unwirtlichen Grenzgebiete Germaniens einzutauschen, wo Rom gegen die Barbaren Krieg führte.

Vor diesem Hintergrund wundert es nicht, dass Mark Aurel sich so intensiv dem Stoizismus zuwandte. In dieser Geisteshaltung fand er das notwendige Rüstzeug, um sich den zahlreichen ungewollten Herausforderungen seines Lebens zu stellen. Er übernahm aber nicht einfach nur die Lehren seiner Vorgänger, sondern vertiefte diese anhand seiner eigenen praktischen Erfahrungen.

Bei diesen Betrachtungen, die er auch schriftlich festhielt und für die Nachwelt überlieferte, gelangte er zu zahlreichen wertvollen Einsichten, die sein Handeln bestimmten. Obwohl häufig andere Menschen über sein Leben bestimmten, stellte er fest: „Unser Leben ist das, wozu unser Denken es macht."

Bei allen äußeren Zwängen, die ihn oft bestimmten und nicht immer in die gewünschte Richtungen trieben, behielt er doch die geistige Leitung über sein Leben. Er ließ sich die Deutungshoheit nicht entreißen, denn er wusste, dass nicht die äußeren Gegebenheiten, sondern die innere Haltung das Wesen eines Menschen bestimmten: „Die Seele hat die Farbe deiner Gedanken."

Rein chronologisch betrachtet, hätte Mark Aurel übrigens nicht an die Spitze unserer Aufzählung gehört. Tatsächlich war er der letzte bedeutende Vertreter der jüngeren Stoa. Kaum ein anderer Name wird aber in der modernen Welt so mit der Stoa gleichgesetzt und so häufig im Verbund mit den Prinzipien des Stoizismus zitiert wie Marcus Aurelius – der Philosoph auf dem Thron.

## Was Mark Aurel Ihnen sagen könnte ...

Sie müssen nicht römischer Kaiser werden, um ein guter Stoiker zu sein. Aber sicher kennen Sie das Gefühl, in Ihrem Alltag mit Aufgaben konfrontiert zu werden, die sich eigentlich nicht mit Ihren Interessen decken - und vielleicht auch nicht mit Ihren Stärken. Vielleicht ist es sogar so, dass Sie das Gefühl haben, Ihren Lebensweg nur begrenzt oder gar nicht kontrollieren zu können.

Vielleicht fühlen Sie sich von einer Aufgabe überfordert oder von einer lästigen, aber wichtigen Pflicht um Möglichkeiten der Selbstverwirklichung betrogen? Dann denken Sie an Marcus Aurelius: Er hat nicht nur einen Abend oder einen Tag oder eine Woche einer höheren Sache geopfert. Er hat sein ganzes Leben in den Dienst seiner besonderen Aufgabe gestellt.

Sehr wahrscheinlich werden die unerwarteten und ungewollten Verpflichtungen, die Ihnen in Ihrem Leben begegnen, nicht dieselbe Tragweite haben, wie es bei Mark Aurel als römischem Kaiser gegeben war. In den meisten Fällen werden Ihre Aufgaben auch weniger Zeit beanspruchen. Aber wenn wieder einmal eine Tagesplanung anders verläuft, dann denken Sie daran, dass es Mark Aurel viel schlimmer erging als Ihnen: Er musste ein Weltreich regieren.

Obwohl Mark Aurel als Kaiser die Geschicke seiner Umgebung sicher in beträchtlichem Maß beeinflussen konnte, war er doch von Gegebenheiten abhängig, die er nicht zu ändern vermochte. Aber er fand einen Weg, auch hier die Verhältnisse zu gestalten: Indem er seine innere Haltung entsprechend definierte. Benutzen Sie die Prinzipien des Stoizismus, um Ihre Einstellung und Ihr Handeln zu verändern - dann werden Sie in vielen schwierigen Situationen erfolgreicher sein.

Mark Aurel wusste, dass die Gedanken die Seele prägen – er sprach von einer Färbung. Es liegt an Ihnen, womit Sie Ihre Gedanken und letztlich Ihre Seele färben. Sie sind weit einflussreicher, als Sie denken. Sie besitzen vielleicht nicht Mark Aurels weltliche Macht, aber seine geistige Macht können Sie sich aneignen. Denken und handeln Sie wie ein Philosophenkaiser!

## 5.2. Seneca

Seneca trägt einen großen Namen, der sich bis heute seinen Klang bewahrt hat. Tatsächlich gab es ihn sogar zweimal: einen älteren Seneca und einen jüngeren. Falls Sie sich einmal nicht sicher sein sollten, welcher Seneca der für Sie interessante ist: Der jüngere Seneca hat sich um den Stoizismus verdient gemacht und ist der Seneca, von dem meist die Rede ist, wenn der Name irgendwo fällt.

Seneca scheute – in bester Stoiker-Manier – die Unbequemlichkeit nicht, verließ regelmäßig seine Komfortzone. Zeitweilig lebte er als Vegetarier, schlief auf einer harten Matratze und verbrachte viel Zeit damit, seine philosophischen Betrachtungen zu pflegen.

An den Sorgen und Nöten seiner Mitmenschen nahm er – trotz aller Härte gegen sich selbst – rege Anteil: Als Marcia, die Tochter des befreundeten Geschichtsschreibers Cremutius Cordus, ihr Kind verlor und darüber untröstlich war, schrieb er ihr einen Trostbrief. Dieser enthielt schon viele wertvolle Ratschläge, die Seneca später zum Teil seiner stoischen Philosophie machen würde. Auch in anderen Schriften beschäftigte er sich mit der Kontrolle der Affekte, in der er einen wesentlichen Schlüssel zu einem gelingenden Leben erkannte.

Seine Weisheit und vor allem seine Redebegabung bescherten Seneca einen raschen Aufstieg, der ihn schließlich sogar in den römischen Senat führte. Dann aber widerfuhr ihm großes Unrecht: Weil die dritte Ehefrau des regierenden Kaisers Claudius, die berüchtigte Kaiserin Messalina, gerne eine unliebsame Nebenbuhlerin loswerden wollte, setzte sie kurzerhand das Gerücht in die Welt, diese habe Ehebruch mit Seneca begangen. Der Kaiser roch zwar den Braten und konnte Seneca die eigentlich fällige Todesstrafe ersparen, der Philosoph musste aber dennoch ungerechterweise in die Verbannung nach Korsika.

Auch dabei erwies sich Seneca als echter Stoiker: Der Verlust seines vertrauten Umfeldes brachte ihn keineswegs aus der Fassung oder stellte seine Lebensfreude infrage. Er nutzte die Zeit, um sich tiefer in seine philosophischen Überlegungen hineinzuarbeiten. Seiner Mutter schickte er einen optimistischen Trostbrief.

Falls Sie jetzt versucht sind, den Mut zu verlieren, weil Sie glauben, an ein derart übermächtiges Vorbild nie heranreichen zu können: Auch ein großer Geist wie Seneca hatte seine Tiefpunkte. Trotz aller hochstehenden geistigen Bemühungen und der schon erreichten Reife hatte Seneca in seiner Verbannung auf der entlegenen Insel, die mit dem geistvollen, pulsierenden Leben in der Hauptstadt Rom keinesfalls zu vergleichen war, mit Depressionen zu kämpfen. Einmal entluden sich diese in einem anbiedernden Bittbrief an einen kaiserlichen Würdenträger.

Dieser Brief, den Seneca später vergeblich zu vernichten suchte, hat dem Philosophen vonseiten der Nachwelt viel Spott eingebracht. Zu weit entfernt von der stoischen Lehre war die doch sehr menschliche Mischung aus Selbstmitleid und Schmeichelei. Für uns ist darin aber ein wichtiger Trost enthalten: Wenn selbst ein Seneca dem Stoizismus nicht immer gerecht werden konnte, dann brauchen auch wir uns von Rückschlägen nicht entmutigen lassen.

Wir sollten auch nicht vergessen: Für Seneca blieb dieser Tiefpunkt eine Momentaufnahme. Der Philosoph überwand dieses Tal und hätte er sich nicht zu jenem Brief hinreißen lassen, wüssten wir heute vielleicht gar nichts über diese menschliche Seite des großen Geistes.

Die Dinge wendeten sich schließlich – zumindest vorübergehend – zum Guten: In Rom hatte die durchtriebene Kaisergemahlin Messalina den Bogen überspannt und hinter dem Rücken ihres verreisten Mannes kurzerhand einen anderen geheiratet. Als der Kaiser davon erfuhr, kehrte er zurück, las Messalina gehörig die Leviten und der Weg für Seneca zurück in die Heimat war frei. Während Senecas Bittbrief also nicht das Geringste bewirkt hatte, sondern nur Ursache für Spott und Schelte war, hatten sich die Dinge – ganz ohne sein Zutun – zum Guten entwickelt.

Sicher war diese Erfahrung eine wertvolle Grundlage für den Philosophen, auf der er seine weitere Lehre aufbaute. Denn auch darin findet sich die Lehre der Stoiker wieder: Nicht durch das eigene Wollen und die eigene Tat lässt sich ein versperrter Weg erzwingen, sondern durch die Akzeptanz und Annahme der unabänderlichen Ereignisse.

Auch auf seine weitere Biografie konnte Seneca – trotz seiner großen intellektuellen Fähigkeiten – nur sehr begrenzt Einfluss nehmen. Immer wieder musste sich der Stoiker auf Gegebenheiten einstellen, die sich seiner Kontrolle entzogen. An Senecas Leben wird deutlich, dass etwas, das gut erscheint, nicht unbedingt gut sein muss, und etwas, das schlecht erscheint, nicht so schlimm ist, wie man vielleicht denken mag.

Die Rückkehr nach Rom war bald mit einer großen Ehrung verbunden: Seneca sollte den künftigen Kaiser, den jungen Nero, unterweisen und erziehen. Der Philosoph war sich der hohen Verantwortung, die mit diesem Auftrag einherging, durchaus bewusst: Als Lehrer und Erzieher des berüchtigten Kaisers Nero versuchte er noch zu Beginn von dessen Regentschaft, mäßigend und beschwichtigend auf den launischen Herrscher einzuwirken – ganz im Sinne des Stoizismus. Doch dieses Vorhaben misslang und Nero richtete sein allgegenwärtiges Misstrauen schließlich gegen seinen Mentor. Er bezichtigte Seneca einer Verschwörung gegen ihn und verurteilte ihn zum Tode.

Ganz nach Art der Stoiker verübte Seneca mit großem Gleichmut und ohne jede äußere sichtbare Erregung Selbstmord, indem er sich die Pulsadern öffnete.

## Was Seneca Ihnen sagen könnte

Die wichtigen Lektionen, die Seneca uns erteilt, liegen in seinem Leben, nicht in seinem Tod. Suizid ist selbstverständlich keine Lösung für Ihre Probleme. Auch Seneca wählte nicht den Freitod – er wurde von Kaiser Nero zum Tode verurteilt. Hätte Seneca sich geweigert, wäre er durch die Hand der kaiserlichen Henker gestorben. Die Lehre für uns liegt in der Art und Weise, wie Seneca mit stoischer Gefasstheit dieses Urteil akzeptierte.

Die wenigsten von uns werden im Laufe ihres Lebens mit einem Todesurteil konfrontiert werden. Aber schlimme Ereignisse – und auch der Tod – spielen eine Rolle und können ein Leben, das auf derartige Schicksalsschläge nicht vorbereitet ist, aus dem Gleichgewicht bringen.

Im Angesicht des Todes stellte Seneca fest, dass es nur eine Kette gibt, die den Menschen wirklich fesselt: Die Liebe zum Leben. Er ergänzte aber auch gleich, dass dies eine Bindung sei, die der Mensch nicht leichtfertig lösen dürfe. Er müsse sie aber so weit lockern, dass sie ihn nicht in seiner Handlungsfähigkeit einschränken könne.

Seneca selbst hatte sich schon lange vor Neros Todesurteil mit dem Tod auseinandersetzen müssen. Er war von schwächlicher Konstitution und hatte ständig das Ende seines Lebens vor Augen. Trotz dieser Einschränkung schwang er sich zu beachtlichen Leistungen auf. Das drohende Unheil lähmte seinen Geist nicht, sondern beflügelte ihn. Darin ist Seneca auch für uns moderne Menschen ein Vorbild.

Dem Stoizismus geht es um die Bewältigung des Lebens. Dafür stellt er das nötige Rüstzeug bereit. Auch in Form der Gedanken und Lehren des Philosophen Seneca: Wenngleich dessen Worte bei seinem Schüler Nero auf wenig fruchtbaren Boden fielen, enthalten sie doch viele wertvolle Schätze, die darauf warten, von Ihnen gehoben zu werden.

Seneca musste am eigenen Leib erfahren, dass es Zwänge gibt, die sich nicht beeinflussen lassen. Dieses Erleben teilte er mit seinem geistigen Nachfolger Mark Aurel, aber während Letzterer zum Kaiser berufen wurde, musste Seneca in die Verbannung ziehen.

Seiner Gestaltungsmöglichkeiten und Entscheidungsfreiheit weitgehend beraubt, kam Seneca nicht umhin, sich mit der Qualität des Lebens an sich und der begrenzt zur Verfügung stehenden Zeit zu beschäftigen. Er stellte fest, dass Menschen ihren Besitz und ihre Güter eifersüchtig und habgierig zusammenhielten, mit ihrer Zeit aber geradezu verschwenderisch umgingen.

In seiner Verbannung hatte Seneca zeitweise alle Güter verloren. Zwar erhielt er sie bei seiner Rückkehr nach Rom zurück, aber in den langen Jahren, die dazwischenlagen, musste er sich damit begnügen, seine Zeit sinnvoll zu nutzen. Seneca fasste die Erkenntnis, dass Menschen ihre wenige Zeit mit sinnvollen Tätigkeiten füllen sollten und ihre Kontakte beschränken müssten.

Sie werden feststellen, dass Ihr Leben leichter wird, wenn Sie Lebensqualität und Güterbestand voneinander trennen. Sie werden merken, dass ausgewählte Beziehungen, die Ihnen menschlich guttun, Sie weiterbringen als eine möglichst große Freundeszahl in den sozialen Medien. Gespräch statt Geschwätz war Senecas Devise. Gerade in einer Zeit wie heute mit unzähligen Angeboten heißt es klug zu wählen, sonst laufen Sie Gefahr, dass Sie alles probieren und letztlich nichts bekommen.

Der Wert des Lebens lag für Seneca nicht im Leben an sich, sondern in einem sittlichen Leben. Das heißt: in einem sinnvoll erfüllten Leben, in dem der Einzelne seine Verantwortung gegenüber der Gemeinschaft wahrnimmt. Anstatt maß- und hilflos an den eigenen Ketten zu zerren, sollte der Mensch mit Ruhe und gutem Gewissen seinen Platz erkennen und ausfüllen.

## 5.3. Epiktet

Epiktet hatte allen Grund und vor allem reichlich Gelegenheit, sich Gelassenheit im Umgang mit schwierigen Verhältnissen anzueignen. Er musste viele Jahre in Rom als Sklave dienen und lebte auch nach seiner Freilassung in äußerst bescheidenen, um nicht zu sagen ärmlichen Verhältnissen. Später wurde er gemeinsam mit anderen Philosophen sogar aus Rom verbannt und musste nach Nikopolis in die Fremde ziehen. Dort setzte er seinen Unterricht fort.

Als jemand, der so vielen äußeren Zwängen und Fesseln unterworfen war, interessierte sich Epiktet nicht für logische Systeme und Gesetze. Er wandte sich der inneren Freiheit zu: Der Mensch sollte sich innerlich frei machen von allen äußeren Ketten, die er nicht sprengen konnte. Als Gefangener frei zu sein, das war Epiktets Streben, mit dem er nicht zuletzt Mark Aurel stark beeinflusste.

Epiktet hielt seine Gedanken und Erkenntnisse nicht schriftlich fest, sondern gab sie nur in Form von mündlichen Vorträgen an seine Schüler weiter. Einer dieser Schüler, der Historiker Arrian, schrieb die Lehren auf und sammelte sie in mehreren Büchern, die nur teilweise erhalten sind, uns aber einen guten Überblick über diesen faszinierenden Denker geben.

### Was Epiktet Ihnen sagen könnte ...

Der eine war ein Sklave, der andere ein Kaiser: Die Gegensätze zwischen Epiktet und Mark Aurel könnten kaum größer sein und doch verband beide eine ähnliche Denkweise. Es liegt in der Natur der Sache, dass Epiktet sich so intensiv mit der Freiheit beschäftigte, wie Seneca mit dem Leben und dem Tod. Die Denkwege der Stoiker waren geprägt von ihren Lebenswegen – und umgekehrt.

Als Sklave musste sich Epiktet natürlich in Zurückhaltung und Vorsicht üben. Er war in seinen Möglichkeiten stark eingeengt und durfte bei Weitem nicht alles sagen und tun, was ihm durch den Kopf ging. Allerdings wollte er auch nicht den Kopf in den Sand stecken und Entwicklungen einfach ignorieren und aussitzen. Die Lösung für dieses Dilemma formulierte er so: „Wir sollten alles gleichermaßen vorsichtig wie zuversichtlich angehen."

Als Stoiker im Sinne Epiktets brauchen Sie nicht zu verzagen, wenn Sie vor schwierigen Verhältnissen oder Aufgaben stehen. Gehen Sie das Problem an, und sei es auch die Höhle des Drachen! Aber seien Sie dabei ruhig, gelassen und vorsichtig – aber zuversichtlich. Letzten Endes kann Ihnen nichts Schlimmes passieren, denn der Stoiker nimmt alles mit Gleichmut an, was ihm widerfährt und gerät nicht aus der Fassung. Zurückschrecken ist schlimmer als langsames Vorwärtskommen. Und aus einem Fehlschlag lassen sich wichtige Lehren ziehen!

Als Sklave war es Epiktet gewohnt, dass man ihm nicht zuhörte. Er kannte die Geringschätzung durch Höhergestellte aus eigener, schmerzvoller Erfahrung. Daraus entwickelte er eine gewisse Zurückhaltung und Bescheidenheit. Auch später, als freier Mann, gab er der Tat eindeutig den Vorzug vor der Rede. Er appellierte eindringlich an seine Anhänger, sich nicht selbst als Philosophen zu bezeichnen und ihre Philosophie – anstatt durch gelehrte Reden – lieber durch Taten zu demonstrieren. Das bringt uns zu der Überzeugung, dass viel mehr Menschen heute Epiktet lesen sollten, finden Sie nicht auch?

Keinem Stoiker waren womöglich so enge Fesseln auferlegt wie Epiktet in seiner ersten Lebensphase als Sklave. Er musste am eigenen Leib erfahren, dass sich vieles außerhalb seines Zugriffs befand. Wie konnte er also in solch einer Lage sein Glück finden? Epiktet löste dieses Problem mit einer denkwürdigen und berühmten Weisheit: Der einzige Weg zum Glück ist der, sich nicht mehr über Dinge zu sorgen, die außerhalb der eigenen Einflussmöglichkeiten liegen. Damit hat Epiktet ein Kernprinzip des Stoizismus erfasst, das auch heute noch sehr wertvoll ist.

„Einige Dinge stehen in unserer Macht, andere nicht." Mit dieser banalen Wahrheit hat Epiktet die Grundlage gelegt für eine Lebenstüchtigkeit, die vielen Menschen heute fremd ist. Wenn Sie sich diese Erkenntnis als grundlegende Wahrheit aneignen, dann wird Sie Ihnen dabei helfen, den unabänderlichen Dingen mit Ruhe und Fassung zu begegnen. Diese Überzeugung ist der Ausgangspunkt für Ihr Handeln: Es gibt Dinge, die Sie einfach nicht ändern können. Deshalb müssen Sie sich über diese auch nicht ärgern oder sich beunruhigen.

## 5.4. Musonius

Gaius Musonius Rufus ist von den großen Stoikern wahrscheinlich der am wenigsten bekannte. Trotzdem spielte er für die Entwicklung und Verbreitung des Stoizismus eine wichtige Rolle. Er war ein Zeitgenosse des Seneca und erlangte wie dieser große Berühmtheit als Philosoph und Lehrer unter Kaiser Nero. Ebenso wie dieser fiel er allerdings der Paranoia des wahnsinnigen Kaisers zum Opfer: Nero glaubte auch in Musonius einen schlimmen Verschwörer zu erkennen und verbannte ihn aus Rom. Damit erging es Musonius zumindest etwas besser als Seneca, der bekanntlich zum Tode verurteilt wurde. Ob Musonius wirklich an der Verschwörung beteiligt war, weiß man heute nicht mehr.

Eine Biografie von Musonius ist schwer zu schreiben: Seine Anhänger und die Nachwelt schätzten ihn nämlich so sehr, dass sie fleißig Anekdoten und Legenden verfassten, um den geliebten Lehrer noch ein wenig interessanter zu machen.

Fest steht, dass Musonius nach dem Tode Neros nach Rom zurückkehrte und eine Rede vor dem siegreichen römischen Heer hielt. Weil er darin die Segnungen des Friedens weit über die Gefahren des Krieges erhob, erntete er von den Soldaten nur Hohn und Spott. Trotzdem stand er beim Kaiser Vespasian zunächst in hoher Gunst. Als der Kaiser wenige Jahre später zahlreiche Philosophen aus Rom vertrieb, nahm er Musonius von dieser Anordnung ausdrücklich aus.

Das Verhältnis zwischen Kaiser und Philosoph scheint sich aber später verschlechtert zu haben, denn Musonius ging schließlich doch ein zweites Mal ins Exil und kehrte erst unter dem neuen Kaiser Titus zurück. Der Rest seines Lebens liegt weitgehend im Dunkeln.

## Was Musonius Ihnen sagen könnte ...

Musonius ist weniger bekannt als Mark Aurel, Seneca und Epiktet. Trotzdem hat er uns wichtige Erkenntnisse hinterlassen, die eine wertvolle Lebenshilfe darstellen und die ein Schlaglicht auf seine Persönlichkeit werfen.

Obwohl ihm in seinem Leben wie auch anderen Stoikern persönliches Unrecht widerfuhr, war er nicht von Rachsucht und Vergeltungslust gezeichnet. Musonius erklärte vielmehr: „Wenn man jemanden, der einen gebissen hat, wieder beißt, handelt man wie ein wildes Tier, nicht wie ein Mensch." Er verzichtete bei Auseinandersetzungen bewusst auf das Mittel der Klage, auch wenn man ihn beleidigt hatte.

Natürlich kann es heute durchaus notwendig sein, juristischen Beistand anzurufen. Nicht immer ist es möglich, alles einfach so hinzunehmen. Manchmal ist es auch nicht klug. Der Stoizismus rät ja selbst dazu, das Beeinflussbare auch wirklich zu beeinflussen. Aber kleinlichen Vergeltungsreflexen will der Stoiker nicht nachgeben – er will sie überwinden. Nach den Prinzipien des Stoizismus ist das auch möglich.

Für Musonius war Mäßigung eine wichtige Eigenschaft. Er rief seine Schüler dazu auf, im Leben maßzuhalten. Anfang und Grundlage eines vernünftigen Lebens war – nach der Auffassung von Musonius – das Maßhalten bei Speise und Trank. Das ist eine Empfehlung, die heute nicht nur Stoiker, sondern auch alle Gesundheitsexperten sofort unterschreiben würden!

# 6. Erwiesene Vorteile durch Stoizismus

Sie sind nicht der Erste, der sich darum bemüht, die Prinzipien des Stoizismus in dem persönlichen Alltag umzusetzen. Es wurden in der Vergangenheit schon zahlreiche Bemühungen unternommen, die teils beachtliche Ergebnisse erzielt haben. Heute gilt es als vollkommen unstrittig, dass die Stoa auch dem modernen Menschen viel Nützliches und Gutes bringt. Die nachfolgend vorgestellten Eigenschaften bringt ein Leben nach den Regeln des Stoizismus erwiesenermaßen mit sich. Sie sehen also, dass es ganz konkrete Vorteile mit sich bringt, ein Stoiker zu sein – oder zumindest sich einige solcher Wesenszüge anzueignen.

## 6.1. Mehr Resilienz durch Stoizismus

Resilienz ist ein Thema, das im philosophischen Diskurs weitgehend unbeachtet geblieben ist. Nur die Stoiker erkannten schon frühzeitig die Relevanz dieses Themas und beschäftigten sich in großer Ausführlichkeit und Tiefe damit. Resilienz ist eine der wichtigsten und wertvollsten Eigenschaften, die Sie heute im Alltag besitzen können. Resilienz bezeichnet Ihre mentale Widerstandskraft.

Der berühmte Fels in der Brandung, der allen Schicksalsschlägen standhält und sich auch unter dem Eindruck einer unmittelbar drohenden Gefahr nicht aus der Ruhe bringen lässt – das alles versteht man unter Resilienz. Resilienz bedeutet Standfestigkeit in der Krise. Wirkliche

Resilienz ist eine Form der souveränen Stärke und hat nichts mit krampfhafter Selbstbeherrschung zu tun.

Wer wirklich Resilienz besitzt, muss sich bei drohendem Ungemach nicht erst zusammenreißen – er ist von seinem Wesen her bereits ruhig und gefasst und kann mit großer Sicherheit und Festigkeit auf alle unbequemen Situationen reagieren. Ja, es gibt Menschen, die von Natur aus mit einer gewissen Resilienz gesegnet sind. Das ist bewundernswert, aber kein Grund, um neidisch zu werden. Denn Resilienz kann man lernen – mit den Mitteln des Stoizismus.

## 6.2. Mehr Gelassenheit

Gelassenheit ist eine Tugend – das hat sich auch unter Nicht-Stoikern herumgesprochen. Gelassenheit ist aber auch eine seltene Tugend. Gelassenheit hat auch etwas mit Geduld zu tun: ruhig zu bleiben, den Dingen ihren Lauf zu lassen, nicht alles auf Anhieb erledigen und entscheiden zu müssen. In unserer hektischen Zeit bleibt für Gelassenheit kaum Raum. Dabei ist auch Gelassenheit in den seltensten Fällen eine unbeeinflussbare Gottesgabe.

Die Stoiker haben erkannt, dass Gelassenheit eine bewusste Entscheidung des Willens ist. Es ist eine Frage der Haltung. Gelassenheit kann und muss man sich aneignen. Gelassenheit hängt eng mit dem bereits vorgestellten Begriff der Resilienz zusammen. Beides ist kaum voneinander zu trennen – denn wer wollte in Hektik und Unruhe eine Herausforderung bestehen? Die Gelassenheit der Stoiker speist sich aus der Einsicht, dass es Dinge gibt, die wir nicht ändern können – und der Überzeugung, dass es an unserem Willen liegt, wie wir auf diese Dinge reagieren.

## 6.3. Emotionen kontrollieren

Emotionen und Gefühle sind nicht grundsätzlich etwas Schlechtes. Tatsächlich zeichnet es uns Menschen aus, dass wir fühlende und vor allem auch empathische Wesen sind. Diese Eigenschaft ist eine Stärke, der auch die Stoiker nicht vollständig entziehen wollen. Gefühle machen einen wesentlichen Teil der menschlichen Identität aus - sie können aber auch dazu führen, dass wir aus dem Tritt geraten und neben der Spur schlingern.

Auch der schnellste Rennwagen wird zur Gefahr, wenn er von der Strecke abkommt. Ein Ungleichgewicht der Gefühle lässt Menschen oft mit unbeirrbarer Kraft in die Irre gehen - oder unversehens vollkommen zusammenbrechen. Die vielbeschworene Achterbahn der Gefühle schüttelt uns durch und kann zu ungewollten und schmerzlichen Entgleisungen und Verlusten führen.

Die Stoiker waren sich dieser Gefahr von Anfang an bewusst. Der Stoizismus leugnet die Gefühle nicht und will sie auch nicht unterdrücken, aber kontrollieren. Damit können Gefühle ihre starke Seite, ihre Vorzüge, voll ausspielen, ohne dass die Schwächen zur Gefahr und Achillesferse werden.

Unsere Welt wird von Gefühlen dominiert, von positiven wie negativen. Im Sport sorgen offen gezeigte Emotionen der Akteure sogar für Begeisterung bei den Zuschauern. Im täglichen Leben sind es leider vor allem die hässlichen Gefühle wie Hass und Wut, die häufig die Oberhand haben. Vor allem in den sozialen Medien, in der vermeintlichen Anonymität des Internets, schäumen die Wogen schnell hoch. Der Stoiker beteiligt sich an solchen Diskussionen nicht.

Als Stoiker sollten Ihre Aussagen und Erwiderungen immer von der Vernunft geleitet sein, nicht von Temperament und von Affekten. Schon gar nicht sollten Rachegefühle ein Auslöser sein. Denken Sie an das Zitat von Musonius, das wir schon gehört haben, und beißen Sie nicht zurück, wenn Sie gebissen werden, denn damit werden Sie selbst zum wütenden Tier. Außerdem: Ihrem Kontrahenten schadet es nicht, wenn Sie vor Wut und Ärger nicht schlafen können und am nächsten Tag übermüdet zur Arbeit gehen müssen.

## 6.4. Achtsamkeit

Die heute verbreitete Lehre von der Achtsamkeit hat ihre Wurzeln zwar im Buddhismus. Aber auch wenn die Stoiker andere Begriffe verwendeten, um diesen Bewusstseinszustand zu umschreiben, geht es im Kern doch um dasselbe. Tatsächlich führt ein konsequentes Befolgen der Prinzipien des Stoizismus ganz von selbst zum Erreichen der angestrebten Achtsamkeit.

Achtsamkeit bedeutet, sich seiner selbst auf einer höheren, einer geistigen Ebene bewusst zu werden. Im Zuge der Achtsamkeit werden Sie sich selbst auf einem höheren Level bewusst, sehen Ihre Lebenssituation und Ihre geistigen und körperlichen Ressourcen klar und können diese demzufolge auch besser und effektiver nutzen.

Ihr neu gewonnenes, klares Bewusstsein versetzt Sie in die Lage, psychischen Belastungen und herausfordernden Stresssituationen besser zu begegnen. Sie sind Herr Ihrer Gedanken und werden nicht mehr von Ängsten, Grübeleien und Nöten verstört und aufgezehrt. Im Gegenteil: Die negativen Emotionen, die zweifellos noch vorhanden sind und auch immer wieder auftreten können, werden von Ihnen gelenkt und in sinnvolle Energie umgewandelt.

Achtsamkeit bedeutet, dass Sie Vorhänge vor Ihrem Geist aufziehen, von denen Sie bislang nicht einmal wussten, dass diese existieren. Ihr Denken und Empfinden wird von einem hellen Lichtstrahl erhellt, der Ihnen einen neuen Zugang zu Ihrem täglichen Leben eröffnet. Achtsamkeit hilft Ihnen bei der wichtigen und für wahre Stoiker charakteristischen Impulskontrolle, die sie vor vorschnellen Handlungen bewahrt. Ohne Achtsamkeit ist Stoizismus schlicht nicht denkbar.

## 6.5. Akzeptanz

Akzeptanz ist eine wichtige Voraussetzung, um nach den Prinzipien des Stoizismus im Leben voranzukommen. Akzeptanz umschließt mehrere Bereiche, nicht nur das eigene Selbst, sondern auch das, was auf uns zukommt. Akzeptanz im Sinne des Stoizismus ist kein passives Hinnehmen oder Erdulden. Akzeptanz ist vielmehr ein aktives, bewusstes Willkommenheißen aller Dinge, die uns widerfahren.

Das heißt, Sie stellen sich nicht einfach widerwillig aufgrund fehlender Wahlmöglichkeiten unter das Joch, das Ihnen auferlegt wird, sondern werden passiv aktiv. Das klingt nach einem Paradoxon, nach einem unmöglichen Widerspruch. Es ist auch nicht ganz richtig, sondern eine zugespitzte Formulierung. Es geht darum, nicht sinnlosen Widerstand zu leisten, nicht um sich zu schlagen, sondern den

Wahrscheinlich haben Sie schon einmal vom Oscar gehört, dem wichtigsten Filmpreis der Welt. Für jeden Schauspieler, Regisseur und sonstigen Filmschaffenden ist es die größte Auszeichnung überhaupt. Die Bilder mit den jubelnden Oscar-Preisträgern gehen um die Welt. Es ist sicher keine Frage, dass bei jedem Preisträger die Akzeptanz dieser Auszeichnung leichtfällt.

Weit weniger bekannt als der Oscar ist die sogenannte Goldene Himbeere. Der Name deutet es schon an: Dieser Preis ist nicht als Kompliment gemeint, er bezeichnet eine – nach Meinung der Juroren – schlechte Leistung. Jedes Jahr werden eine Menge Goldene Himbeeren vergeben – und von den Ausgezeichneten in der Regel geflissentlich ignoriert.

Doch es gibt Ausnahmen: Einige wenige Schauspieler erschienen persönlich zur Verleihung und zeigten damit ein besonderes Maß an Akzeptanz. Die weltberühmte Schauspielerin Halle Berry, die auch den begehrten Oscar schon erhalten hatte, nahm auch die Goldene Himbeere persönlich entgegen und dankte in einer ironischen Rede allen, die sie zu dieser Leistung angespornt hatten. Damit verwandelte sie ihre Niederlage in einen Sieg und hatte so den Beifall und Jubel auf ihrer Seite.

Wenn Ihnen also das Leben das nächste Mal eine Goldene Himbeere überreichen möchte, dann denken Sie an Halle Berry und zeigen Sie Akzeptanz.

## 6.6. Stress bewältigen

Stress ist ein großes und allgegenwärtiges Thema unserer Zeit. Stress ist vielleicht sogar eine der größten Herausforderungen, mit denen sich die moderne Welt konfrontiert sieht. Die Symptome von Stress stellen eine ernstzunehmende Belastung für unseren Alltag dar und sollten nicht ignoriert werden. Sie sind auch unter medizinischen Aspekten problematisch.

Tatsächlich können Sie Stress an konkreten körperlichen Auswirkungen erkennen: Dazu gehören Herzrasen, Schwindelgefühle, Atemnot, Schmerzen in Nacken, Rücken und Gelenken und Bluthochdruck, aber auch Schlafstörungen, Magen-Darm-Erkrankungen und Zuckungen. Kurz: Stress kann Ihren Alltag erheblich belasten und auch schwere Krankheiten nach sich ziehen.

Es gibt also mehr als genug Gründe, Stress zu vermeiden. Und die Tipps und Ratschläge, wie Ihnen das am besten gelingt, sind umfangreich vorhanden. Ratgeber-Literatur zur Stressvermeidung füllt ganze Buchregale. Heerscharen von Psychologen und Psychiatern bestreiten ihren Lebensunterhalt mit der Betreuung gestresster Menschen.

Stoiker sind allerdings nicht darunter. Denn Stoiker sind nicht gestresst. Wenn Sie die Prinzipien des Stoizismus akkurat in die Tat umsetzen, dann findet der Stress einfach keine Ankerpunkte. Stoiker stehen dem Stress als eine unüberwindliche Wand gegenüber.

Stress entsteht oft durch Erwartungen von außen und von innen, durch Termin- und Leistungsdruck. Der Stoiker hegt solche Erwartungen nicht und kennt seine Grenzen und Möglichkeiten, in deren Rahmen er sich bewegt. Deshalb kann er sich dem Stress entziehen.

## 6.7. Selbstfindung

Wir sind umgeben von Vorstellungen und Erwartungen, die nicht unsere eigenen sind. Die Gesellschaft, insbesondere die moderne, ist meisterhaft darin, Scheinwelten aus glitzernden Fassaden zu errichten, die mit dem Kern der Wirklichkeit nichts zu tun haben. Das Problem: Wir glauben oft, diesen Erwartungen entsprechen zu müssen und wollen genau so sein: eine nicht greifbare, diffuse Illusion.

Das Ergebnis dieses Irrtums ist fatal: Wir versuchen, ein anderer Mensch zu sein, als wir eigentlich sind, an unseren individuellen Eigenschaften, unseren Stärken und Schwächen vorbei, auf ein völlig falsches Ziel zu. Was für eine sinnlose Verschwendung von Potenzial!

Der Stoizismus hält sich nicht mit Selbstbetrug und Illusionen auf. Die konkrete Anwendung der stoischen Prinzipien führt Sie genau dahin, wo Sie eigentlich schon immer waren: zu sich selbst. Das ist eine zwangsläufige Folge, um die Sie nicht herumkommen, denn im Licht des Stoizismus wird klar, wer Sie wirklich sind.

Selbstfindung ist keine schwärmerische Weltverbesserungsidee, sondern eine blanke Notwendigkeit! Viele Menschen, die sich im Leben selbst verfehlt haben, mussten am Ende eine verzweifelte oder zumindest resignierende Bilanz ziehen. Wer sich selbst nicht kennt, biegt zwangsläufig falsch ab, wählt falsche Ziele und Wege und erreicht nichts.

Selbstfindung ist ein Blick in den Spiegel der Seele. Der Stoizismus erzeugt keine Illusionen und Wahnvorstellungen, er befreit davon. Wer sich selbst nicht zuverlässig erkannt und gefunden hat, der ist wie der Besucher in einem Spiegelkabinett auf einem Jahrmarkt. Er sieht nur Zerrbilder von sich selbst. Diese Zerrbilder ermöglichen keine vernünftige Selbsteinschätzung und provozieren deshalb Irrwege und Verfehlungen. Der Stoizismus führt zur Selbstfindung und vermittelt ein klares Bild ohne Täuschung und Trübung. Wer sich kennt, der versteht sich und findet den richtigen Platz.

## 6.8. Ziele finden und Richtung finden

Manchmal ist es gar nicht so einfach, den richtigen Weg zu gehen – weil man sein Ziel nicht kennt. Der Stoizismus hilft Ihnen dabei, sich selbst bewusst zu werden. Sie lernen Ihre Stärken und Schwächen als Ihre individuellen Eigenschaften akzeptieren und können zwischen unabänderlichen und änderbaren Dingen unterscheiden. Wenn Sie sich in diesem Maße Ihrer selbst bewusst sind, schärft das Ihr Profil und Ihre Selbstwahrnehmung.

Das neue Selbstbewusstsein – im doppelten Sinne – ermöglicht Ihnen sowohl ein besseres Verständnis Ihrer selbst als auch ein ausgeprägteres Selbstvertrauen und hilft Ihnen, die richtigen Ziele für sich auszuwählen. Sie verstehen plötzlich viel besser, wo und wie Sie sich sinnvoll einbringen und etwas erreichen können.

Die richtigen Ziele für Sie sind die Ziele, die Sie erreichen können. Und die richtige Richtung ist natürlich die, die Sie genau dahinführt. Das klingt banal, ist aber für viele Menschen genau der Punkt, an dem sie scheitern, an dem ihr Leben Schiffbruch erleidet. Mit den Prinzipien des Stoizismus können Sie diese Klippe zuverlässig und elegant umschiffen.

Ein Stoiker versucht nicht, das Steuer mit Gewalt herumzureißen und eine bestimmte Richtung zu erzwingen. Der Stoiker erkennt seine Stärken und Schwächen und lässt sich von ihnen und den Ereignissen auf seinem Weg an das Ziel tragen, das zu ihm passt und seiner Persönlichkeit entspricht.

# 7. Selbsttest: Wie viel Stoiker bin ich bereits?

Vielleicht schlummert in Ihnen bereits ein kleiner Stoiker und Sie haben es nur noch nicht gemerkt? Dann sollten Sie sich und Ihr Verhalten einmal gründlich unter die Lupe nehmen. Mit ein paar Fragen an sich selbst können Sie feststellen, wie weit Sie auf Ihrem bereichernden Weg zum Stoiker schon gekommen sind.

Zählen Sie Ihre Schimpfwörter! Wenn Sie sich häufig dabei ertappen, zu fluchen und zu schimpfen, dann sind Sie sehr wahrscheinlich noch nicht sehr weit gegangen auf dem Pfad zum Stoizismus. Denn herzhaftes Fluchen ist meist Ausdruck entschwindender Contenance. Wer flucht, verliert in diesem Augenblick die Beherrschung – etwas, das Stoiker einfach niemals tun.

Wie reagieren Sie in unerwarteten Stresssituationen? Regen Sie sich auf, wenn es im Straßenverkehr nicht weitergeht, wenn Sie an der Schlange im Supermarkt lange warten müssen, weil der Kartenleser mal wieder eine EC-Karte verschluckt hat – oder nehmen Sie die Situation einfach an und entspannen sich? Sind sie sich selbst genug oder benötigen Sie dringend Input von außen? Können Sie ein Problem aushalten oder müssen Sie sofort an einer Lösung feilen?

Ein Stoiker ist nie getrieben, sondern immer Herr der Lage. Das heißt nicht, dass er alles beeinflussen kann, aber er lässt sich durch nichts aus dem Konzept bringen. Vor allem betrifft das die Dinge, die der Stoiker nicht ändern kann. Der Stoiker weiß, dass es Unveränderliches gibt und nimmt daran keinen Anstoß. Wie sieht es mit Ihnen aus? Kann Ihnen das Wetter die Stimmung verhageln? Bringt Sie Hupen im Straßenverkehr aus der Fassung? Keine dieser Fragen würde ein geübter Stoiker bejahen.

Schauen Sie gerne Sportübertragungen im Fernsehen an und gehen Sie vielleicht sogar ins Stadion? Wenn ja: Wie verhalten Sie sich während des Spiels? Fiebern Sie mit, ist Ihr Puls am Anschlag, reißt es Sie vom Sitz, wenn Ihre Mannschaft in letzter Sekunde ein Tor schießt oder gar eines bekommt? Zugegeben: Diese Emotionen können großartig sein und für viel Stimmung sorgen. Aber um der Wahrheit die Ehre zu geben: Stoiker würden sich so nicht verhalten.

Fiebern Sie Ereignissen entgegen? Können Sie bestimmte Anlässe kaum erwarten? Zählen Sie Tage und Stunden, bis ein bestimmter Termin endlich eintritt? Das alles sind menschlich verständliche, aber nicht unbedingt sehr stoische Verhaltensweisen. Der Stoiker harrt mit Gleichmut der Dinge, die da kommen. Der Stoiker weiß, dass er den Lauf der Zeit nicht nennenswert beeinflussen kann. Er setzt nicht bei seiner Umwelt, sondern bei sich selbst an.

Dazu gehört auch ein waches Bewusstsein für alles, was um den Stoiker herum geschieht. Wie sieht es bei Ihnen aus? Sie müssen beileibe keine Grashalme oder Treppenstufen zählen, aber Sie sollten wissen, was in Ihrer unmittelbaren Umgebung vor sich geht. Nehmen Sie die Menschen im Supermarkt wahr, an der Tankstelle, am Arbeitsplatz? Können Sie genauere Angaben machen? Erinnern Sie sich an Einzelheiten? Stoiker verstehen sich als Teil eines komplexen Gesamtprozesses, den Sie aufmerksam beobachten und studieren, um darin eine sinnvolle Aufgabe zu erfüllen.

Wie ist Ihr allgemeines Befinden? Spüren Sie häufig eine innere Unruhe? Ein Gefühl von Rastlosigkeit? Das alles ist ein Zeichen dafür, dass Sie den Stoizismus noch nicht verinnerlicht haben. Denn ein Stoiker ruht in sich selbst, und genau diese Ruhe strahlt er auch aus. Er hat seine Emotionen unter Kontrolle, lässt sich nicht von ihnen treiben oder verunsichern.

# 8. Stoizismus in der Praxis: Schritt für Schritt zum Stoiker werden

Es hilft Ihnen natürlich nichts, wenn Sie die Fachbegriffe und Grundlagen des Stoizismus auswendig lernen, aber nicht wissen, wie Sie diese theoretischen Erkenntnisse in eine gedeihliche Praxis umsetzen können. In diesem Kapitel geht es endlich ans Eingemachte, um die Wurst – oder ums Tofu, ganz wie Sie möchten. Sie sind der Boss! Dieses Kapitel bringt Ihnen keine Regeln, sondern eröffnet Ihnen Möglichkeiten, wie Sie die Prinzipien des Stoizismus gewinnbringend für Ihr eigenes Leben anwenden können.

## 8.1. Stoizismus im Alltag anwenden

Der Stoizismus wurde in der bunten Säulenhalle in Athen geboren, aber da ist er schon längst nicht mehr zu Hause. Der Stoizismus hat seinen Sitz im Leben. Er kann seinen Nutzen und Sinn nur dann entfalten, wenn Sie ihn in Ihrem Alltag zur Anwendung bringen. Das ist überhaupt nicht schwer, denn genau darauf ist der Stoizismus ausgelegt. Es ist sozusagen seine natürliche und eigentliche Bestimmung. Ohne diese praktische Anwendung verliert der Stoizismus seinen Sinn und seinen Zweck. Der Stoiker steht im Leben, er zeigt Präsenz und nimmt Anteil. Aber er verschwendet seine Kräfte nicht.

### 8.1.1. Stoizismus im Privatleben

Die Anwendung des Stoizismus im Privatleben kann sehr gewinnbringend sein, darf aber auf keinen Fall zu dem Missverständnis führen, dass Sie Ihrem Partner und Ihrem familiären Umfeld mit ungenügender Empathie begegnen. Wenn zum Beispiel Ihr Partner unglücklich oder gar verzweifelt ist, dann müssen diese Regungen nicht an Ihnen abperlen, weil Sie ein gleichmütiger Stoiker sind. Im Gegenteil: Gerade der Stoizismus befähigt Sie dazu, die Gefühlszustände in Ihrem unmittelbaren persönlichen Umfeld zu erkennen, anzunehmen und in sinnvolle Bahnen zu leiten.

Während Sie im Berufsleben oft gezwungen sind, mit Menschen zusammenzukommen, bei denen Sie sich nicht wohlfühlen, sind Ihre Wahlmöglichkeiten im Privatleben ausgeprägter. Von diesen sollten Sie auch Gebrauch machen. Denn nicht alle Menschen tun Ihnen gut - und Sie können nicht alle Menschen besser machen.

Seneca hat auch in dieser Sache treffend formuliert: „Ziehe dich in dich selbst zurück, so viel du kannst; verkehre mit denen, die dich besser machen, und erstatte solchen den Zutritt, die du besser machen kannst.“ Was bedeutet das in der Praxis? Egozentrik statt Gemeinschaft?

Das sicher nicht. Aber genauso wenig, wie sie einfach jedes beliebige Nahrungsmittel in sich hineinstopfen würden, sollten Sie jeden Kontakt annehmen und pflegen. Es gibt Menschen, die Ihnen guttun - und andere Menschen, die Ihnen schaden. Es ist wichtig, dass Sie ein Gespür dafür entwickeln. Es gibt Menschen, die Sie inspirieren und weiterbringen. Fruchtbare Beziehungen sollten Sie pflegen und Kontakte, mit denen bereichernde Gespräche und Diskussionen möglich sind.

Das Belanglose hingegen, das nur Zeit kostet, aber keinen Ertrag bringt, sollten Sie meiden. Das gilt noch mehr für alles, was Sie belastet und ausbremst. Besonders betroffen sind dabei die zwischenmenschlichen Beziehungen. Stoiker sind beileibe keine Einsiedler. Aber sie verschwenden ihre Zeit und Energie nicht an überflüssige Kontakte, die nur Zeit kosten und keine Erfüllung bringen. Es gibt Beziehungen, die vollständig und immer an der Oberfläche bleiben, die keinerlei wie auch immer geartete Befriedigung schenken. Für solche Beziehungen hat der Stoiker nichts übrig.

Pflegen Sie stattdessen die fruchtbaren und erfüllenden Freundschaften. Stoiker haben oft wenige, dafür aber sehr gute Freunde – und das häufig ein Leben lang. Die großen stoischen Philosophen konnten ihre guten Freunde mit Empathie und tieferem Verständnis ihrer Sorgen trösten und ihnen über manche Schwierigkeit hinweghelfen. Auch in der Beziehung zu anderen Menschen gilt: Je besser Sie sich selbst kennen, je ruhiger und fester Sie im Leben stehen, desto eher können Sie auch anderen Halt und Hilfe sein.

Beschäftigen Sie sich in Ihrem Privatleben vor allem mit Dingen, die Sie und Ihr Umfeld unmittelbar betreffen und bei denen Sie etwas ausrichten können. Verzichten Sie beispielsweise in Ihrem Alltag darauf, ständig die sozialen oder etablierten Medien zu studieren. Weder ständige Statusmeldungen enger oder ferner Bekannter noch beunruhigende und aufwühlende Schlagzeilen bringen Sie in Ihrem Alltag auf irgendeine Weise weiter.

Fokussieren Sie sich auf den Weg! Bei einer Bergwanderung würden Sie auf einem schmalen Pfad ja auch nicht den Blick schweifen lassen und riskieren, in die Tiefe zu fallen.

## 8.1.2. Stoizismus im Beruf

Die meisten Menschen verbringen den Großteil ihres Tages am Arbeitsplatz. Dort herrschen mitunter Zwänge vor, die sich kaum oder gar nicht beeinflussen lassen. Das ideale Umfeld also, um die Prinzipien des Stoizismus in die Tat umzusetzen! Denn es geht ja gerade darum, das Unabänderliche, sei es auch negativ, zu akzeptieren und ihm dadurch die Schärfe und den Schrecken zu nehmen.

Aber Vorsicht: Nicht alles Unangenehme ist auch wirklich unabänderlich. Auch ein Stoiker kann sich sinnvoll beruflich verändern, wenn ihm sein bisheriger Arbeitsplatz nicht mehr zusagt. Veränderung kann sinnvoll und notwendig sein, auch für einen Stoiker. Der Stoiker erzwingt diese Veränderung aber nicht, er führt sie nicht krampfhaft herbei. Er lenkt seine Empfindungen und Handlungen so, dass die angestrebte Veränderung auf ihn zukommt, auf seinem Weg liegt - als natürliche Progression.

Das bedeutet auch, dass der Stoiker ausblendet, was er nicht beeinflussen kann. Der Tratsch der Kollegen, die verpasste Beförderung, einfach alle Handlungen anderer Menschen entziehen sich weitgehend Ihrer Kontrolle. Natürlich können Sie unter Umständen durch freundliches und ruhiges Auftreten bestimmte Reaktionen und Verhaltensweisen zu Ihren Gunsten beeinflussen. Das ist für ein gelingendes Berufsleben (sowie für den privaten Bereich) durchaus zu empfehlen.

Konflikte gehören nicht zum Wesen eines Stoikers. Der Stoiker vertraut auf den beharrlichen Einsatz seiner Stärken und auf das daraus resultierende Fortkommen. In den meisten Fällen führen Auseinandersetzungen zu nichts, ganz besonders nicht mit den Vorgesetzten.

Natürlich kann auch ein Stoiker Angebote und Karrierewege prüfen und im gegebenen Fall einen sinnvollen Spurwechsel durchführen. Aber er tut das in Ruhe und Gelassenheit, nicht im hitzigen Gefecht, sondern auf der Grundlage unbestechlicher und objektiv erfasster Fakten.

Geschwätz, Hektik, Aktionismus – nichts davon ist dem Stoiker zu eigen. Wie ein Adler zieht er seine Kreise, den Blick auf das Wesentliche ausgerichtet. Und wenn der richtige Augenblick gekommen ist, dann stößt er nieder – unaufgeregt, nüchtern und präzise und tut, was getan werden muss. Kein nervöses Flattern, kein Krächzen und Schreien. Ein Stoiker beteiligt sich nicht am Tratsch in der Kantine, schon gar nicht an Unmutsäußerungen und Hetze.

Stoiker sind keine Karrieremenschen. Sie ordnen nicht alles einem Ziel unter und denken nur an das eigene Fortkommen. Sie behalten das große Ganze im Blick, auch im Beruf. Deshalb sind sie wertvolle Arbeitskräfte und Stützen, die aber ihren Arbeitsplatz nach sorgfältiger Beurteilung der Lage und Berücksichtigung aller Fakten auch mit Gleichmut und Gelassenheit wechseln können.

### 8.1.3. Stoizismus auf Reisen

Wenn Sie auf Reisen gehen, egal ob beruflich oder privat, dann sollten Sie den Stoizismus immer mit im Gepäck haben. Denn gerade auf Reisen kann es immer zu einem unvorhergesehenen Ereignis kommen, auf das Sie angemessen reagieren müssen. Eine falsche Reaktion kann Ihnen den Urlaub verderben – oder auf einer Geschäftsreise das angestrebte Resultat vereiteln. Dagegen können Sie mit mehr Gelassenheit Türen öffnen und Unheil abwehren.

Gerade auf Reisen neigen viele Menschen dazu, in unnötige Hektik auszubrechen. Dazu besteht für einen Stoiker nie ein Anlass. Warum auch? Alles, was ihn beunruhigen könnte, ist unabänderlich – und über das Unabänderliche muss er sich nicht beunruhigen.

Wenn Ihr Gepäck verloren geht, ist das unangenehm – aber auch unabänderlich. Kein Zornesausbruch, kein Verzweiflungsschrei kann daran etwas ändern. Wenn Sie ein Hemd brauchen oder ein Kleid, dann überlegen Sie in Ruhe, woher Sie es bekommen. Der Stoiker regt sich über Probleme nicht auf, er löst sie.

Manche Menschen setzen sich für Ihre Urlaubsreise einen engen Zeitplan, wollen da hin und dort hin. Die Folge sind Hektik und Hetze. Für den Stoiker ist das keine Option. Er plant nur das wirklich Nötige und geht in aller Ruhe Schritt für Schritt. Planen Sie umsichtig und realistisch, sodass Sie nicht in zeitliche oder finanzielle Engpässe geraten. Und wenn ein Punkt misslingt, dann sehen Sie ein, dass Sie es nicht mehr ändern können und lassen Sie nicht zu, dass ein Rückschlag den verbleibenden Urlaub überschattet.

## 8.2. Tägliche Übungen für mehr Stoizismus

Stoiker wird man nicht von selbst, und Selbstbeherrschung ist keine Gottesgabe. Aber Stoizismus lässt sich üben. Vielleicht haben Sie sich bei der bisherigen Lektüre gedacht, dass alle diese Ideen und Vorschläge zwar plausibel klingen, aber eben doch auch sehr theoretisch bleiben. Wie soll es gelingen, die sinnvollen Prinzipien des Stoizismus im Alltag wirklich anzuwenden? Niemand wird doch von einem Augenblick auf den anderen zu einem ruhigen, gelassenen und in sich ruhenden Menschen.

Die folgenden Übungen können Ihnen dabei helfen, sich Tag für Tag in kleinen Schritten einer tatsächlichen Anwendung der stoischen Prinzipien in Ihrem Alltag anzunähern. Lassen Sie sich keinesfalls entmutigen, wenn die ersten Versuche scheinbar im Nichts verpuffen – es ist auch hier der stete Tropfen, der den Stein höhlt. Plötzlich werden Sie feststellen, dass Sie sich in Ihrem Alltag mehr und mehr wie ein echter Stoiker verhalten – und das bedeutet nichts anderes, als dass Ihr Leben einfacher wird. Viel einfacher.

Für alle Übungen gilt: Der Stoizismus ist eine Geisteshaltung. Seine Anwendung beginnt im Kopf. Mit täglichen Kniebeugen, Dauerläufen oder Schwimmrunden kommen Sie deshalb nicht weiter. Nicht körperliche, sondern geistige Kondition ist gefragt. Aber auch eine richtige Geisteshaltung lässt sich einüben. Es geht vor allem darum, bestimmte Situationen im Kopf durchzuspielen und immer wieder richtig zu reagieren. Wenn diese Haltung oft genug geübt wird, geht Sie Ihnen in Fleisch und Blut über – und Sie werden sich in der tatsächlichen Situation ähnlich verhalten.

Im Prinzip können Sie diese Übungen auch nutzen, ohne sich weiter mit der dahinterstehenden Philosophie des Stoizismus zu beschäftigen. Manche Menschen tun das auch. Sie pflegen solche Übungen und profitieren davon im Alltag, ohne zu wissen, wem Sie diese Errungenschaft verdanken. Es lohnt sich aber dennoch, tiefer in den Stoizismus einzutauchen - denn erst im Wissen um die Bezugspunkte und Hintergründe erschließt sich Ihnen das volle Potenzial der Erkenntnisse der Stoiker.

### 8.2.1. Übung 1: Jeden Tag ein neues Wort

Wenn Sie eine neue Sprache lernen, dann lesen Sie nicht auf einen Rutsch das ganze Wörterbuch durch. Dabei würde wahrscheinlich gar nichts haften bleiben und Sie würden sich heillos übernehmen. Stattdessen nehmen Sie sich jeden Tag eine Handvoll Vokabeln vor - vielleicht sogar nur eine. Das ist auch eine gute konkrete Übung für das Erlernen des Stoizismus.

Auch der Stoizismus ist eine Sprache, die aus vielen Vokabeln besteht, die Sie selbstverständlich nicht alle auf einen Rutsch lernen können. Diese Vokabeln sind aber tatsächlich schriftlich festgehalten: Es sind die Zitate der großen stoischen Philosophen. Sie sind leicht zu finden: Es gibt kostenfrei zugängliche Sammlungen im Internet, preisgünstige Sammlungen in Buchform und sogar eine Stoiker-App für Ihr Smartphone.

Die Zitate, die Seneca, Mark Aurel oder Epiktet hinterlassen haben, sind unterschiedlich lang und komplex: Bei manchen wird sich Ihnen der Sinn auf Anhieb erschließen, über andere müssen Sie lange nachdenken und wieder andere werden Sie vielleicht erst viel später ganz verstehen. Das ist aber gar nicht so wichtig. Wichtig ist, dass Sie jeden Tag das stoische Gedankengut aussäen, das dann allmählich in Ihrem Lebensgrund Wurzeln schlägt und Ihren Alltag prägt.

Nehmen Sie sich einfach vor, jeden Tag mit einem neuen Stoiker-Zitat zu beginnen. Gewöhnen Sie sich ein Ritual an: Lesen Sie es zum Beispiel zum Frühstück bei Ihrer obligatorischen Tasse Kaffee. Und wenn das einfach nicht klappt, dann können Sie das Zitat auch auf den Abend verlegen: Lesen Sie es vor dem Einschlafen und denken Sie darüber nach. Das ist viel besser als Schäfchenzählen, denn so kann sich der wertvolle Gedanke über Nacht in Ihrem Unterbewusstsein festsetzen.

### 8.2.2. Übung 2: Treten Sie einen Schritt zurück

Rückschritt ist nicht gefragt. Er gilt als Untugend, in manchen Branchen sogar als Katastrophe. Der Stoizismus kennt eine Art von Rückschritt, die Sie nach vorn bringt. Der Schritt zurück, den der Stoizismus schätzt, vergrößert Ihren Blickwinkel. Er weitet die Enge Ihres Blickfeldes und schärft Ihr Bewusstsein für das große Ganze.

Sie kennen das vom Film: Wenn die Kamera die ganze Zeit dicht bei den Figuren bleibt, dann sind zwar Einblicke in das Minenspiel und in die individuelle Befindlichkeit möglich, aber oft bleibt die Situation, in der sich die Szene abspielt, unklar. Erst wenn die Kamera zurückfährt, sehen Sie plötzlich, dass das Gespräch an der Reling eines Schiffes stattfindet und die Haare der Akteure deshalb so stark im Wind wehen. Sie erkennen erst jetzt, ob die Hauptpersonen einer Szene allein sind oder sich womöglich inmitten einer großen Menschenmenge befinden.

Abstand schafft Übersicht. Der Stoizismus lehrt uns, innerlich einen Schritt zurückzutreten und den Blick weg von uns selbst auf das große Ganze zu lenken. Das ist eine wertvolle und wichtige Übung, die Sie am besten schon im Kleinen anfangen, damit Sie Ihnen im Großen gelingt. Das bedeutet in der Praxis: Gewöhnen Sie sich an, Dinge immer im Zusammenhang zu sehen, aus einer gewissen Distanz. Weiten Sie Ihr Blickfeld und beziehen sie Ihre Umgebung mit ein.

Wenn Sie im Supermarkt an der Kasse in der Schlange sehen, dann konzentrieren Sie sich nicht darauf, wie lange Sie noch warten müssen. Treten Sie stattdessen innerlich einen Schritt zurück: Achten Sie auf die alte Frau mit Rollator, für die alles noch viel mühsamer ist als für Sie. Auf die junge Mutter mit dem schreienden und quengelnden Kind. Auf den ärmlich gekleideten Mann, der nur ein paar leere Flaschen zurückbringt, die er irgendwo zusammengeklaubt hat.

Natürlich werden Sie auch Menschen sehen, denen es ebenso gut oder viel besser geht als Ihnen. Vielleicht eine junge Familie, die mit Ihren Kindern zusammen den Einkaufswagen füllt und schiebt. Vielleicht einen gut gekleideten Herrn, der nur kurz in der Mittagspause eine Besorgung machen muss. Auch solche Eindrücke können als Inspiration dienen.

Vergessen Sie auch die Kassiererin nicht, die nicht nur Sie, sondern die ganze Schlange abkassieren muss – möglichst schnell, möglichst zuverlässig und dabei immer freundlich. Wenn Sie einen Schmutzfleck auf dem Boden sehen, denken Sie an die Reinigungskraft, die ihn entfernen muss.

Es geht bei dieser Übung nicht darum, dass Sie sich schlecht fühlen. Auch nicht darum, dass Sie neidisch werden. Es geht darum, dass Sie sich angewöhnen, in größeren Zusammenhängen zu denken. Damit verlieren der Augenblick und die Einzelheit automatisch an Bedeutung und es fällt Ihnen leichter, damit umzugehen.

Im Gesamten betrachtet, verblassen unwichtige Details und es entwickelt sich ein Gefühl für eine übergeordnete Perspektive. Versuchen Sie deshalb immer, einen Eindruck des großen Ganzen zu bekommen. Es vertieft Ihr Verständnis und macht Ihr Leben leichter.

### 8.2.3. Übung 3: Suchen Sie nach Veränderungen

Die Dinge ändern sich. Nichts bleibt gleich. Alles ist dem Wandel unterworfen. Es hilft Ihnen ungemein, wenn Sie sich das immer wieder vor Augen rufen. Achten Sie in Ihrem Alltag auf die kleinen Veränderungen. Sprießt Gras aus den Fugen zwischen den Pflastersteinen? Trägt ein Baum Blätter? Verfärben sich die Sträucher und werden welk, wenn es in den Herbst geht? Die Kinder der Nachbarn: Sie ändern ihr Verhalten, werden älter, reifer.

Wenn Sie mit offenen Augen durchs Leben gehen und die ständigen kleinen und großen Veränderungen bewusst registrieren, dann vermittelt Ihnen das ein Gefühl für Ihre eigene Vergänglichkeit und die Vergänglichkeit aller Dinge. Das mag sich zunächst wie eine Plattitüde anhören, denn natürlich wissen Sie auch so, dass nichts für die Ewigkeit ist.

Indem Sie sich diese Erkenntnis aber immer wieder neu bewusst machen, gewinnen Sie eine gewisse innere Distanz zum Tagesgeschehen und verhindern so eine übertriebene Verflechtung, die Sie möglicherweise am Fortkommen hindert. Sie gewinnen ein Gefühl dafür, dass jeder Augenblick vergänglich ist und messen angenehmen wie unangenehmen Dingen keine überzogene Bedeutung mehr bei. Das stärkt die für den Stoiker wichtige und unverzichtbare Gelassenheit.

### 8.2.4. Übung 4: Stellen Sie sich das Schlechte vor

Zugegeben: Das klingt merkwürdig. Für gewöhnlich wird uns gerade das Gegenteil empfohlen: Think positive lautet die Devise. Die Stoiker gingen diese Sache anders an: Sie rechneten mit dem Schlechten, spielten mögliche negative Ausgänge und Entwicklungen durch und bereiteten sich so darauf vor. Das half Ihnen dabei, allen Eventualitäten mit Gleichmut gegenüberzustehen. Das heißt keinesfalls, dass Sie sich als Stoiker zum Miesepeter und notorischen Schwarzseher entwickeln sollten!

Allerdings nimmt es negativen Ereignissen die Schockwirkung, wenn Sie sie im Geiste schon einmal durchlebt und in Betracht gezogen haben. Sie härten sich sozusagen psychisch ab und rüsten sich mental für alle möglichen Enttäuschungen. Gleichzeitig vermitteln Sie sich damit in Ihrer gegenwärtigen Situation auch die tröstliche Erkenntnis: Es könnte immer noch alles schlimmer kommen, eigentlich ist doch alles noch gut zu bewältigen.

Diese Technik, die im Stoizismus eine lange und bewährte Tradition besitzt, nennt man auch negative Visualisierung. Sie sollte allerdings mit Bedacht eingesetzt werden. Wenn Sie sich ständig und überall nur Schlechtes und Schlimmes vorstellen, dann laufen Sie Gefahr, Ihre bisherigen Lernerfolge zu untergraben und sich in eine bewusste Depression zu stürzen. Wer nur negativ denkt, der zieht das Schlechte an.

Spielen Sie einmal am Tag etwas wirklich Schlimmes durch. Ein durch und durch negatives Szenario, das Sie um jeden Preis vermeiden möchten. Vor diesem Hintergrund verblassen all die kleinen Missgeschicke, die Sie bald mit viel größerer Gelassenheit annehmen können. Die unfreiwillig verschüttete Tasse Kaffee? Der platte Reifen auf dem Weg zur Arbeit? Die geplatzte Naht am Lieblingskleid? Das ist doch alles halb so tragisch. Es könnte alles viel schlimmer sein!

### 8.2.5. Übung 5: Zerlegen Sie die Welt in ihre Einzelteile

Kennen Sie Lego? Diese bunten Bausteine, mit denen Kinder sich so gerne die Zeit vertreiben und die tollsten Dinge daraus bauen? Alles Mögliche kann aus den großen und kleinen Bauklötzen entstehen: Häuser, Fahrzeuge, Straßenzüge, Raumstationen, Ritterburgen – eine ganze Welt. Aber natürlich sieht man auf den ersten Blick: Nichts davon ist real, alles besteht aus besagten Spielzeug-Steinen, die von den Kindern mit viel Fantasie und Freude zusammengesetzt wurden.

Während das Auflösen der Lego-Konstruktionen in ihre Einzelteile nicht sonderlich schwerfällt, sondern auf den ersten Blick gelingt, ist es in der wirklichen Welt etwas schwieriger. Aber trotzdem sollten Sie genau das tun! Zerlegen Sie die Welt in ihre Einzelteile. Machen Sie sich bewusst, woraus die Dinge, die Ihnen jeden Tag begegnen und die vielleicht Ihre Sehnsüchte wecken, wirklich bestehen! Wenn Sie einen schicken Porsche betrachten, den Sie sich nicht leisten können – machen Sie sich selbst bewusst, dass er letztlich aus denselben Elementen besteht wie ein kleiner Smart.

Gewöhnen Sie sich an, die Welt als eine Summe aus Einzelteilen zu begreifen. Das gilt vor allem für die von Menschen geschaffenen Dinge. Vieles verliert dann seine Bedeutung und seinen Status. Wenn Sie morgens vor der Kaffeemaschine stehen, dann zerlegen Sie sie in Ihre Einzelteile. Das Gerät verliert plötzlich an Wert und Sie werden es nicht mehr so beklagen, wenn es einen Defekt hat. Reduzieren Sie die Objekte, die Sie möglicherweise begehren, wieder auf ihren eigentlichen Status: eine Summe überschaubarer Einzelteile!

Das bedeutet nicht, dass Sie wie Hägar der Schreckliche alles wüst zerkloppen, das Ihren Weg kreuzt und nicht nach Beute aussieht. Es soll Sie vielmehr lehren, hinter den Vorhang zu blicken. Hinter die aufwendige Kostümierung, das üppige Make-up. Wenn Sie sich angewöhnen, die Welt zu sezieren, dann werden Sie feststellen, dass der Kaiser wirklich keine Kleider trägt – und so manche Autorität bröckelt und verliert ihre drohende Aura.

### 8.2.6. Übung 6: Machen Sie es sich unbequem!

Jeder Mensch hat seine persönliche Komfort-Zone, die er nur ungern verlässt. Damit ist nicht Ihre Wohnzimmer-Couch gemeint, die Sie gegen einen harten Holzstuhl austauschen sollen. Obwohl das für den Anfang natürlich auch eine Möglichkeit wäre. Haben Sie einen bequemen Stuhl mit Lehne oder sogar Kopfstütze? Setzen Sie sich zur Abwechslung auch einmal auf einen Hocker.

Es geht darum, Unwägbarkeiten zu erleben und auszuhalten. Immer wieder geschehen Dinge, die Sie nicht erwarten und die Ihnen Unannehmlichkeiten bereiten. Das können kleine Störungen des Alltags sein oder ernstzunehmende Belastungen. Je weniger Sie an Dissonanzen gewöhnt sind, desto schwerer fällt es Ihnen, diese auszuhalten.

Deshalb sollten Sie schon bewusst und frühzeitig Ihre Komfort-Zone verlassen. Gehen Sie einmal zu Fuß, wenn Sie auch das Auto nehmen könnten. Duschen Sie kalt statt warm. Gut, das ist vielleicht etwas viel verlangt – dann duschen Sie lauwarm. Und kurz. Machen Sie es sich unbequem! Legen Sie die Hürden des Alltags mit Vorsatz etwas höher. Je eher Sie sich daran gewöhnen, dass es nicht immer der leichteste Weg ist, desto eher sind Sie auch imstande, unerwartete Herausforderungen zu meistern.

Unbequeme Dinge können sehr nützlich sein: Fasten, Verzicht auf Alkohol oder eine liebgewonnene Süßigkeit, früher aufstehen als gewohnt, eine unliebsame Pflicht selbst erledigen, anstatt sie zu delegieren. Es kann sich lohnen, hin und wieder bewusst einen Umweg zu gehen. Viele ungewollte Ärgernisse des Alltags verlieren so ihren Schrecken und können einen trainierten Stoiker nicht mehr aus dem Konzept bringen.

Sie hatten bestimmt schon einmal einen Sonnenbrand? In diesem Fall ist die Haut besonders sensibel und jede noch so kleine Berührung schmerzt. So ähnlich ist bei vielen Menschen der Normalzustand des Nervenkostüms. Schon Kleinigkeiten sorgen dafür, dass der Puls nach oben schnellt und der Stresspegel steigt. Man ist einfach nicht gewohnt, Unannehmlichkeiten und Widerstände auszuhalten.

Aber das Nervenkostüm lässt sich straffen und trainieren. Dazu müssen Sie beispielsweise wiederholt aus Ihrer vertrauten Komfort-Zone ausbrechen. Das können durchaus einfache Kleinigkeiten sein, gerade am Anfang. Nur tun Sie es immer wieder und regelmäßig – Sie werden feststellen, dass Sie dann auch ungeplanten Widerständen entspannter gegenüberstehen.

# 9. Inspirierende Geschichten des Stoizismus aus dem Alltag

Der Stoizismus kann auf eine lange und bewegte Geschichte verweisen. Diese Geschichte ist aber längst nicht abgeschlossen. Zwar wird der Stoizismus natürlich nicht mehr grundlegend weiterentwickelt, es ergeben sich aber immer neue Ansätze, seine wertvollen Gedanken in den sich verändernden Alltag der Menschen zu übertragen. Das bedeutet gleichzeitig, dass der Stoizismus selbst immer neue Geschichten schreibt – gemeinsam mit den Menschen, die ihn anwenden. Halten Sie in Ihrem Umfeld die Augen und Ohren offen – oft sind Ihnen Stoiker näher, als Ihnen vielleicht bewusst ist!

Es gibt z. B. Menschen, die zuerst alles ihrer Karriere unterordneten und damit zunächst auch vorgeblichen Erfolg hatten. Dann aber kam es zu einem bestimmten Ereignis, das ihr Leben aus den Fugen brachte und ihre Prioritäten verschob. Die Geburt eines Kindes, der Tod eines besonderen Menschen, eine neue Liebe, eine Katastrophe. Ein einschneidendes Ereignis, das die Karten neu mischte. Plötzlich genügte das bisher Erreichte nicht mehr. Es stellte nicht zufrieden. Den Menschen wurde klar, dass ihr eigener Erfolg kurzlebig und vergänglich war. Sie suchten nach einem neuen Verständnis ihrer selbst – und wurden fündig im Stoizismus.

Wussten Sie, dass zahlreiche herausragende Persönlichkeiten der Geschichte sich zum Stoizismus bekannten? Dass lange nach den antiken Philosophen die Lenker der Welt und die Idole der Gesellschaft ihre Inspiration und ihren Halt im Stoizismus fanden? Diese einzigartige und äußerst einflussreiche Geisteshaltung beeinflusste Politiker wie den US-amerikanischen Präsidenten Theodore Roosevelt, der nicht nur als Politiker die Ruhe bei schwierigen Entscheidungen zu bewahren hatte, sondern auch unter schweren persönlichen Schicksalsschlägen litt: Auf einer Expedition im Amazonasbecken zog er sich schwere gesundheitliche Beeinträchtigungen zu, unter denen er den Rest seines Lebens litt. Kurz vor seiner erneuten Kandidatur zum amerikanischen Präsidenten verlor er seinen jüngsten Sohn Quentin im Ersten Weltkrieg.

Ein anderer großer Name ist der deutsche Bundeskanzler Helmut Schmidt, der während seiner Amtszeit eine der größten Krisen der deutschen Nachkriegsgeschichte zu bewältigen hatte: Den Terror der RAF und die Entführung und Ermordung des Arbeitgeberpräsidenten Hanns Martin Schleyer während der blutigen Wirren im sogenannten Deutschen Herbst. Es braucht viel Ruhe und Besonnenheit, um in solchen Situationen als Lenker und Leiter mit Ruhe und Souveränität aufzutreten. Größte, allergrößte Herausforderungen wurden bestanden mit der Kraft und Sicherheit, die der Stoizismus schenkt.

Auch viele Profisportler, vor allem in den USA, verdanken ihre Ruhe in nervenaufreibenden Situationen auf dem Spielfeld den Prinzipien des Stoizismus, die sie, unbemerkt von der zusehenden Öffentlichkeit, für sich selbst anwenden.

Das Besondere am Stoizismus ist der Umstand, dass er im kleinen Alltagsmoment ebenso seinen Nutzen entfaltet wie in der einzigartigen, geschichtsträchtigen Situation.

Die beste Geschichte aus einem Alltag mit dem Stoizismus haben wir übrigens noch aufgespart. Sie muss erst noch geschrieben werden. Es ist Ihre Geschichte! Und wir sind sehr gespannt, wie es Ihnen gelingen wird, dem Stoizismus Ihre persönliche Note zu verleihen.

# 10. Schlusswort

Schlusswort ist eigentlich eine irreführende Überschrift. Denn Schluss ist noch lange nicht – der Stoizismus bedeutet einen (Neu-)Anfang, kein Ende.

Wenn Sie dieses ganze Büchlein aufmerksam gelesen haben, dann werden Sie es jetzt selbst wissen: Der Stoizismus ist weder eine esoterische, an den Haaren herbeigezogene Geheimlehre noch eine abgehobene, wirklichkeitsfremde Theorie. Ausgesprochen klare Geister und scharfe Denker haben seinen Nutzen erkannt und ihn für sich fruchtbar gemacht.

Der Stoizismus ermöglicht Ihnen einen völlig neuen Zugang zu sich selbst, ein besseres und tieferes Verständnis Ihrer Persönlichkeit mit allen Stärken und Schwächen. Gleichzeitig hilft er Ihnen bei einer positiven Weiterentwicklung und einer Schärfung Ihres Profils.

Der Weg zum Stoiker ist weder besonders lang noch besonders schwer – wenn er denn konsequent gegangen wird. Zu diesem Vorhaben wünsche ich Ihnen nur das Beste! Denken Sie daran: Wirklich jeder kann ein Stoiker sein – und wirklich jeder wird davon profitieren. Der Stoiker selbst – und sein Umfeld. Denn Stoiker ist man nie für sich allein.

# GEWOHNHEITEN ÄNDERN

# 1. Vorwort

Gewohnheiten begleiten uns durch unser ganzes Leben. Es ist praktisch unmöglich, ohne Gewohnheiten auszukommen. Leider sind nicht alle Gewohnheiten gut. So manche Gewohnheit – unter Umständen auch eine liebgewonnene(!) – ist bei Tageslicht betrachtet ein Minusgeschäft: Sie kostet uns mehr, als sie uns einbringt. An anderer Stelle wiederum fehlen uns Gewohnheiten, die wir gut gebrauchen könnten, um in einer bestimmten Situation das richtige Verhalten an den Tag zu legen.

Aber so ist das eben mit Gewohnheiten. Man kann sie nicht steuern: Sie kommen und gehen, wie es ihnen gefällt. Nicht wahr?

Genau das ist aber nicht wahr. Es ist nicht wahr, dass wir unseren Gewohnheiten hilflos ausgeliefert sind. Im Gegenteil: Wir können großen Einfluss nehmen auf unsere Gewohnheiten. Und wenn wir das auf die richtige Art und Weise tun, bekommen wir mit unseren Gewohnheiten ein mächtiges Werkzeug in die Hand, um unseren Alltag besser und erfolgreicher zu gestalten. Wir entfernen den vorhandenen Sand aus unserem Getriebe, räumen Hindernisse aus dem Weg und wechseln zielsicher auf die Erfolgsspur.

Wie das geht? Ganz einfach! Sozusagen im Handumdrehen. Na ja, vielleicht nicht ganz so schnell. Ein bisschen was müssten Sie schon dazu tun. Zum Beispiel ein paar Seiten lesen. Aber die gute Nachricht ist: Sie haben schon damit angefangen! Und wenn es Ihnen doch zu viel ist, das ganze Buch auf einen Rutsch durchzulesen, dann könnten Sie sich einfach eine erste neue Gewohnheit zulegen: Gewöhnen Sie sich an, jeden Tag einen Abschnitt zu lesen. Vielleicht vor dem Schlafengehen.

Sehen Sie, so schnell hat man eine neue Gewohnheit gefunden. Und damit sich diese Gewohnheit als eine gute Gewohnheit erweist und sich das Lesen dieses Buches für Sie auch wirklich lohnt, fangen wir jetzt gleich mit den spannenden Fakten an.

# 2. Gewohnheiten allgemein

Jeder Mensch hat Gewohnheiten, jeder Mensch braucht Gewohnheiten. Aber längst nicht jeder Mensch hat auch wirklich die Gewohnheiten, die er braucht. Im Gegenteil: Die meisten Menschen müssen sich in ihrem Leben mit schlechten Gewohnheiten herumärgern, die sie eigentlich möglichst schnell wieder loswerden möchten. Aber das gelingt oft gar nicht so gut, wie wir das gerne hätten. Warum ist das so? Weil wir viel zu wenig über Gewohnheiten wissen. Weil wir das Wort leichtfertig in den Mund nehmen, ohne uns über seine exakte Definition wirklich im Klaren zu sein. Genau das wollen wir jetzt ändern. Wir fragen uns: Was sind eigentlich Gewohnheiten? Wie entstehen sie? Warum sind sie so wichtig?

## 2.1 Was sind Gewohnheiten?

Wenn wir über den Begriff Gewohnheit kurz nachdenken, dann stellen wir schnell fest: Unter einer Gewohnheit verstehen wir ein bestimmtes Verhalten. Aber nicht jedes Verhalten würden wir als eine Gewohnheit bezeichnen. Damit wir von einer Gewohnheit sprechen, muss ein Verhalten mit einer gewissen Häufigkeit ausgeübt werden. Wenn wir jeden Morgen nach dem Aufstehen in die Küche schlürfen, um mit zusammengekniffenen Augen nach der Kaffeemaschine zu tasten und eine erste Dosis Koffein zu uns nehmen, damit wir die Lider endlich ganz aufbekommen – dann können wir hier mit Fug und Recht von einer Gewohnheit sprechen. Ob es eine gute Gewohnheit ist, spielt an dieser Stelle noch keine Rolle, es ist auf jeden Fall eine Gewohnheit.

Gewohnheiten haben also viel mit Regelmäßigkeit und Wiederholung zu tun. Und noch etwas kommt hinzu: Wir denken sehr wahrscheinlich nicht lange darüber nach, ob wir nach dem Aufstehen eine Tasse Kaffee trinken möchten. Wir gehen einfach zur Kaffeemaschine und setzen sie in Gang. Ganz unbewusst und automatisch. Denn auch das sind wichtige Merkmale einer Gewohnheit: Sie wird meist unbewusst und automatisch ausgeübt, wie von selbst - eben als Gewohnheit. Wir denken nicht mehr darüber nach und müssen auch kein echtes Bedürfnis nach einer Tasse Kaffee verspüren: Selbst wenn wir eigentlich einmal gut ausgeschlafen sind und gar kein Koffein nötig hätten, gehen wir trotzdem zur Kaffeemaschine, denn wir haben uns nun einmal daran gewöhnt.

Auch wenn dieses Beispiel eher harmlos anmutet, sollten wir die Wirkung von Gewohnheiten auf keinen Fall unterschätzen! Gewohnheiten machen einen großen Teil unseres Lebens aus, sie bestimmen in vielen Situationen, was wir denken, fühlen und tun. Gewohnheiten sind auch deshalb so mächtig, weil sie uns mit zunehmender Wiederholung immer leichter fallen. Sie vermitteln also ein Gefühl der Sicherheit. Wenn wir einmal nicht wissen, was zu tun ist, halten wir uns unbewusst so nahe wie möglich an eine Gewohnheit. Der gewohnte Weg ist aber nicht immer der beste. Das Leben ist mitunter ein Labyrinth und wenn wir uns nur an Gewohnheiten ausrichten, dann werden wir an der nächstbesten Abzweigung feststellen: Hier war ich doch schon mal!

So bleibt der Weg vertraut, aber wir erreichen womöglich nicht unser Ziel.

## 2.2 Wie entstehen Gewohnheiten?

Es gibt den schönen englischen Begriff: *learning by doing*. Gemeint ist also »Lernen durch Handeln«. Er besagt, dass man sich Dinge am besten dadurch aneignet, indem man sie tut. Das trifft auch auf Gewohnheiten zu. Wir lernen sie, indem wir sie ausüben. Gewohnheit ist ein bestimmtes Verhalten, das an einen bestimmten Reiz gekoppelt wird und in dieser Kombination losgelöst von allen anderen Einflüssen funktioniert. In den meisten Fällen geschieht diese Koppelung ohne konkreten Vorsatz. Am Anfang steht vielleicht eine echte Notwendigkeit: Wir haben aus verschiedenen Gründen zu wenig Schlaf, sind übernächtigt, brauchen morgens wirklich eine Tasse Kaffee, um wieder auf die Beine zu kommen. Wenn wir das oft genug tun, trinken wir den Kaffee plötzlich jeden Morgen. Sogar im Urlaub.

Das ist so, weil der Prozess des morgendlichen Aufstehens an das Kochen und Trinken von Kaffee gekoppelt ist. Wir haben einen Stimulus, einen Reiz, der mit einem Auslöser, einer Antwort, verbunden wird. Dabei spielt es nur eine untergeordnete Rolle, ob dieser Reiz noch in seinem Umfeld verankert ist und einen vernünftigen Kontext besitzt. Wenn die Gewohnheit erst einmal entstanden ist, dann funktioniert der Reiz auch völlig losgelöst von allen Gegebenheiten und Notwendigkeiten. Warum ist das so? Im Wesentlichen liegt dieser Umstand in der Funktionsweise des menschlichen Gehirns begründet. Grundsätzlich ist das Etablieren von Gewohnheiten nämlich gar keine dumme Idee von unserem Gehirn. Es macht uns damit das Leben leichter – manchmal jedenfalls.

Denn neue Verhaltensmuster brauchen Zeit. Wenn wir Handlungen vornehmen, in denen wir ungeübt sind, mit denen wir noch keine Erfahrungen gesammelt haben, dann ist das für unser Gehirn eine große Herausforderung. Viele neue Eingaben müssen verarbeitet und koordiniert werden. Das benötigt viel Energie und zehrt an unserem Leistungsvermögen. Stellen wir uns einen dichten Wald vor, durch dessen dickes Gehölz wir erst einen Weg schlagen müssen! Das dauert natürlich ungleich länger, als ein gemütlicher Waldspaziergang über einen bereits ausgetretenen und möglicherweise befestigten Wanderweg. Und noch länger dauert es, wenn ein solcher Weg immer wieder von Neuem gesucht und geschlagen werden muss.

Unser Gehirn macht deshalb dasselbe wie die menschlichen Pioniere bei der Entdeckung fremder Länder: Es befestigt neu erschlossene Wege, damit deren Benutzung in Zukunft möglichst leichtfällt und ressourcenschonend gelingt. Mit anderen Worten: Unser Gehirn etabliert eine Gewohnheit. Das bedeutet: Wir müssen uns keine Gedanken machen, nicht aufwendig nach Lösungen suchen, tasten und ausprobieren. Wir können - dank der Vorarbeit unseres Gehirns - einfach dem Weg folgen. Wie einst Dorothy im Zauberer von Oz haben wir eine gelbe Straße, die uns ans Ziel führt – wenn die Dinge ideal laufen. Das ist aber nicht immer der Fall. Manchmal ändern sich die Umgebungsparameter und die ursprünglich gute und nützliche Straße verliert ihre Ausrichtung. Dann heißt es: Kurskorrektur.

Kurskorrekturen mag das Gehirn übrigens gar nicht. Denn alle neuen Prozesse und Strukturen benötigen viel Energie. Deshalb greift das Gehirn am liebsten auf bereits angelegte Wege zurück, auch wenn diese mittlerweile umständlich oder überflüssig sind.

## 2.3 Die Folgen der Gewohnheiten

Nichts bleibt im Leben ohne Folgen, auch Gewohnheiten nicht. Im Idealfall sind die Folgen einer etablierten Gewohnheit positiv: Sie erleichtern uns den Alltag, kürzen Wege und Prozesse der Entscheidungsfindung ab, sparen Zeit und Energie. Viele Gewohnheiten eignen wir uns bereits im Kindesalter an und stellen damit die Weichen für unser Verhalten als erwachsene Menschen. In vielerlei Hinsicht machen uns Gewohnheiten lebenstüchtig. Haben wir als Kinder das Zähneputzen gelernt und uns erst einmal an eine bestimmte Art der Ausführung gewöhnt, wird uns diese Gewohnheit zu einem selbstverständlichen Teil unseres Alltags – möglicherweise ein Leben lang.

Falls uns dann eines Tages unser Zahnarzt erklärt, dass wir eigentlich falsch putzen und die Bürste ganz anders führen sollten –, dann fällt uns das Umlernen schwer. Deshalb spricht viel dafür, dass wir uns so früh wie möglich die richtigen Dinge angewöhnen sollten. Oft ist genau das der Grund für den Erfolg bestimmter Menschen, die wir bewundern: Sie haben sich zur richtigen Zeit die richtigen Gewohnheiten zugelegt. Denn eigentlich sind alle Menschen nur die Summe ihrer Gewohnheiten.

Wahrscheinlich haben Sie diesen Satz so oder so ähnlich schon einmal gehört oder gelesen. Klingt gut, klingt richtig, lässt sich leicht abnicken. Und weiter geht's ..., aber halt! Lassen Sie uns kurz hierbleiben. Genau hier, an dieser Stelle. Wir fragen uns: Was bedeutet dieser Satz wirklich? Ganz konkret?

Jeder Mensch hat eine Vielzahl von Gewohnheiten. Viele tausende. Eine astronomische Zahl, mit der sich schlecht im Kopf rechnen lässt und deren Summe keinen mathematischen Wert ergibt. Das Ergebnis ist vielleicht nicht in

Zahlen messbar, aber im täglichen Umgang erfahrbar: Es ist unsere Persönlichkeit. Manchmal genügt schon eine einzige Gewohnheit, um eine Sache nachhaltig zu beeinflussen. Ein beinahe albern einfaches Beispiel, das aber im Alltag vieler Menschen zu einem echten Stolperstein geworden ist: Die Gewohnheit, eine Tube Zahnpasta zu leeren: Ob fein säuberlich vom Fußende zum Kopf hin oder durch einen beherzten Druck nach Belieben auf die Mitte – dies hat schon bei zahlreichen Paaren für ernsthafte Zerwürfnisse gesorgt.

Diese Gewohnheit, so unwichtig sie uns zunächst erscheinen mag, geht meist schon auf die frühen Lebensjahre zurück. Auch unser Essverhalten geht auf Gewohnheiten zurück. Sind wir schon als Kinder daran gewöhnt, möglichst süß und fettig zu essen, mit vielen Naschereien und Fast Food, dann ist das eine Gewohnheit, die sich später nachteilig auf unsere Gesundheit auswirken kann. Dasselbe gilt für politische Überzeugungen: Oft basieren diese gar nicht auf langwierigen Überlegungen und Erkenntnisprozessen, sondern einfach nur auf Gewohnheit. Aus reiner Gewohnheit lehnen wir eine bestimmte Partei oder eine bestimmte politische Aussage ab. Man spricht dann auch von einer »reflexhaften Antwort«. Reflexe sind zu einem guten Teil auch nichts anderes als Gewohnheiten beziehungsweise sie werden von Gewohnheiten bestimmt. Auch Glaubenssätze entspringen vielfach Gewohnheiten und nicht einer tiefverwurzelten Überzeugung.

In Interviews mit berühmten Persönlichkeiten fällt oft der Satz: »Ich war das von klein auf gewöhnt.« Mit dieser Begründung werden besondere Leistungen im Sport oder das ausgezeichnete Beherrschen eines Instruments erklärt. Tatsächlich profitieren viele erfolgreiche Menschen von Gewohnheiten, die sie längst nicht mehr hinterfragen, sondern einfach schnell und effizient in die Tat umsetzen.

Wenn bei Mannschaftssportarten, zum Beispiel im Fußball, das Zusammenspiel nicht richtig klappt, weil viele neue Spieler hinzugekommen sind oder die Zeit für das ausführliche Einstudieren gefehlt hat, dann sagt der Trainer entschuldigend: »Es fehlen noch die Automatismen.« Diese Automatismen sind ja nichts anderes als Gewohnheiten! Die Spieler haben sich noch nicht an ihre Mitspieler gewöhnt, an deren Positionen und Laufverhalten. Sie müssen sich erst umschauen und die Situation analysieren und verlieren dabei wertvolle und oft entscheidende Sekunden.

Gewohnheiten führen hingegen zu einem blinden Verständnis, das Spiel wirkt dann für Beobachter mitunter »wie aus einem Guss«. Mit dem Leben – das nach Ansicht mancher Philosophen auch nur ein Spiel ist – verhält es sich ganz ähnlich. Oft geht es dabei um an sich banale Eigenschaften: Ob ein Mensch zu Pünktlichkeit neigt oder nicht, ist vor allem eine Frage der Gewohnheit. Ob wir ordentlich sind oder eher unordentlich, richtet sich in vielen Fällen nach unserer Gewohnheit. Auch die Art und Weise, wie wir anderen Menschen gegenübertreten, wie wir sie einschätzen und bewerten, hängt von unseren Gewohnheiten ab.

Ein Baby, dass sich früh daran gewöhnt, von seiner Mutter Zuwendung und Pflege zu bekommen, wird eine stärkere Bindung empfinden und von dieser bei seiner Charakterentwicklung profitieren. Gewohnheiten sind also weit mehr als »schlechte Angewohnheiten«.

Man könnte sogar sagen: Ein erfolgreiches Leben ist die Summe vieler guter Gewohnheiten. Im Umkehrschluss ist ein wenig erfolgreiches Leben oft dem Vorhandensein schlechter Gewohnheiten geschuldet. Gerade diesen schlechten Gewohnheiten ist es wohl zu verdanken, dass die Gewohnheit mitunter in keinem guten Ruf steht und häufig als Ballast bezeichnet wird. Damit tun wir aber der Gewohnheit unrecht. Denn genau betrachtet sind Gewohnheiten unverzichtbar und lebenswichtig.

## 2.4 Warum sind Gewohnheiten lebenswichtig?

Gewohnheiten sind kein nettes Extra, kein eigentlich unnötiger Luxus für ein bisschen mehr Komfort im Alltag. Gewohnheiten sind lebenswichtig. Denken wir an kleine Kinder, an Säuglinge, die von der Mutter mit Milch gestillt werden. Sie sind daran gewöhnt, auf diesem Weg Nahrung aufzunehmen – es ist für sie im wahrsten Sinne des Wortes eine lebenswichtige Gewohnheit.

Später muss diese zunächst lebenswichtige Gewohnheit durch eine neue ersetzt werden: durch das Essen richtiger Mahlzeiten. Zunächst vielleicht nur mit einem kleinen Löffel, später aber mit Messer und Gabel. Bevor das Kind richtig zu essen beginnt, muss es von der Mutterbrust entwöhnt werden. Die Wortwahl verrät schon, dass es hier um das Ablegen einer Gewohnheit geht.

Wer den Führerschein machen möchte, muss zuvor einen Erste-Hilfe-Kurs durchlaufen. In der Regel ist das eine Sache von wenigen Stunden, die dazu dienen soll, dass die Fahranfänger wissen, wie sie im Ernstfall Leben retten können. Weiterer Unterricht ist hingegen nicht verpflichtend – es wird darauf vertraut, dass die einmalige Übung ein Leben lang ausreicht. Das macht den Erste-Hilfe-Kurs für viele zu einer obligatorischen Pflicht, an die man sich später kaum erinnert.

Es gibt viele Kritiker, die das ändern möchten und darauf drängen, dass die Erste-Hilfe-Kurse zu einer regelmäßigen Verpflichtung für alle Autofahrer werden. Hinter dieser Überlegung steht die Einsicht, dass eine einmalige Übung kaum ausreicht, um eine Gewohnheit zu etablieren. Ohne eine solche Gewohnheit fehlt den Autofahrern im Ernstfall aber die nötige Souveränität und Sicherheit. Sie müssen sich in einer stressbeladenen Situation schnell an das vor langer Zeit Gelernte erinnern und es auch noch richtig anwenden – für die meisten Menschen eine Unmöglichkeit.

Gewohnheiten verkürzen Reaktionszeiten. Das kann in konkreten Gefahrensituationen tatsächlich lebenswichtig und lebensrettend sein.

Aber auch abseits solcher – zum Glück seltenen(!) – Extremsituationen sind Gewohnheiten unverzichtbar. Sie legen das Fundament, auf dem unser gesamtes Lebensgebäude aufbaut. Je stabiler dieses Fundament ausfällt, desto verlässlicher und vertrauter ist die Basis, auf deren Grundlage wir unsere Entscheidungen treffen. Gewohnheiten sind in der Regel schneller als unser rationales Bewusstsein. Wir handeln, ehe wir uns darüber wirklich im Klaren sind. Das kann in vielen Fällen ein immenser Vorteil sein und uns in vielen Situationen Sicherheit und Ruhe schenken.

Gewohnheiten sind ein wichtiger Ruhepol. Gewohnheit kann mit einer bestimmten Musik zusammenhängen, die uns Entspannung und Trost schenkt. Gewohnheit kann eine Lieblingsspeise sein, die uns neue Kraft und Freude gibt. Viele Menschen verbringen ihren Urlaub immer wieder am selben Ort und freuen sich schon das ganze Jahr darauf –, weil ihnen ihre Gewohnheit verspricht, dort schöne und erholsame Stunden zu verleben und vielleicht alte und liebgewonnene Freunde wiederzusehen.

Die Gewohnheit ist unser Heimathafen, von dem aus wir aufbrechen können, um auch neue Gebiete zu entdecken und zu erschließen. Bei Bedarf können wir uns immer wieder in ihren sicheren Schutz zurückziehen und neue Kräfte sammeln. Wenn wir aber mit unserem Lebensschiff auslaufen, dann wissen wir, dass auf der hohen See viele Gefahren drohen. Um diesen standzuhalten, ist es von größter Wichtigkeit, dass die Besatzung des Schiffes alle Handgriffe kennt. In der modernen Seefahrt geschieht vieles automatisch, aber ganz von selbst fahren Schiffe noch immer nicht. Und früher war die Sache noch viel gefährlicher: Da mussten die Matrosen in der Takelage herumklettern, um die Segel zu hissen oder einzuholen. Das war insbesondere bei Sturm keine Kleinigkeit! Da musste jeder Handgriff sitzen, alle Aufgaben vertraut sein. Gewöhnung war unverzichtbar – und ist es bis heute.

Es geht also nicht darum, Gewohnheiten grundsätzlich zu verteufeln und abzulegen. Im Gegenteil! Wir wollen die eine oder andere gute Gewohnheit sogar gerne etablieren. Denn ohne Gewohnheiten wären wir mit den Herausforderungen in unserem Leben überfordert. Unser Gehirn ist auf das Etablieren von Gewohnheiten angewiesen.

## 2.5 Wie lange dauert es, um eine neue Gewohnheit zu etablieren?

Es liegt auf der Hand: An angenehme und leichte Dinge gewöhnen wir uns schnell. Morgens einfach länger im Bett liegen zu bleiben und auszuschlafen – darauf können wir uns viel schneller einstellen als auf das Stellen des Weckers zur frühen Stunde. Zumindest sagt uns das unser Gefühl. Aber wie sieht es in Wirklichkeit aus? Wie lange dauert es, bis sich eine neue Gewohnheit etabliert hat?

Wir haben in dieser Sache wirklich konkrete und belastbare Daten, die wir einem Arzt verdanken. Dr. Maxwell Maltz arbeitete in den 1950er Jahren als plastischer Chirurg, der auch Schönheitsoperationen durchführte. Er stellte bei der Durchsicht seiner Unterlagen fest, dass seine Patienten im Schnitt 21 Tage benötigten, um sich an ein chirurgisch verändertes Gesicht zu gewöhnen. Auch im Falle einer Amputation dauerte es in etwa diese Zeitspanne, bis die betroffenen Patienten aufhörten, an der entsprechenden Stelle ein Phantomglied zu spüren.

Dieser Umstand gab Maxwell Maltz zu denken. Er stellte kurzerhand sein eigenes Leben auf den Prüfstand und machte auch dabei die Beobachtung, dass er in etwa dieselbe Zeitspanne benötigte, um eine neue Gewohnheit in seinem eigenen Leben zu etablieren. Nach umfassenden Studien und Vergleichen kam Maltz zu der festen Erkenntnis, dass das menschliche Gehirn tatsächlich mindestens 21 Tage braucht, um eine alte mentale Vorstellung aufzulösen und eine neue zu bilden.

Diese bahnbrechende Erkenntnis fasste Dr. Maltz in schriftlicher Form zusammen und veröffentlichte sie als Buch, das bald nach seinem Erscheinen ein Bestseller wurde und sich millionenfach verkaufte. Dieser Erfolg kommt nicht von ungefähr. Spätestens seit der Antike wissen die Menschen, wie machtvoll Gewohnheiten in unser Leben hineinwirken. »Groß ist die Macht der Gewohnheit«, sagte schon der berühmte römische Rhetoriker Marcus Tullius Cicero.

Aber Vorsicht: Der Teufel liegt wie so oft im Detail! Das Detail ist in diesem Fall das kleine Wörtchen »mindestens«, das gerne überlesen wird. Die millionenfach verbreiteten Erkenntnisse von Dr. Maltz wurden vielfach verkürzt wiedergegeben, so dass sich die Zeitspanne von 21 Tagen als absoluter Wert in den Köpfen der Menschen festsetzte. Mit anderen Worten: Es hatte sich eine falsche Information als schlechte Gewohnheit etabliert.

Die Wissenschaft bleibt nicht stehen, die Forschung geht weiter. Während Dr. Maltz seine Studien auf sich selbst und seine eigenen Patienten beschränken musste, wurden jetzt weit größere und umfassendere Erhebungen und Vergleiche durchgeführt. Auch das Verhältnis von angenehmen und unangenehmen, leichten und schweren Gewohnheiten wurde berücksichtigt. Denn wie wir eingangs schon mit einem Beispiel illustrierten: Bequeme Gewohnheiten etablieren sich schneller als schwere. Entsprechend belastbarer und detaillierter fielen nun auch die neuen Ergebnisse aus.

Die 21 Tage waren als Richtwert nicht mehr zu halten. Tatsächlich dauerte es im Schnitt mehr als dreimal so lange, bis die Probanden eine neue Gewohnheit etabliert hatten: 66 Tage – also über zwei Monate! Außerdem brachten die Forschungen auch hervor, dass die Bildung von Gewohnheiten stark vom jeweiligen Individuum abhängt – und natürlich von der betreffenden Gewohnheit selbst.

Wir halten also fest: Gewohnheiten entstehen nicht über Nacht. Sie brauchen Zeit. Im Schnitt zwei Monate, abhängig von unserer Natur. Aber Gewohnheiten lassen sich tatsächlich steuern und mit Vorsatz etablieren. Das ist hilfreich, wenn wir uns eine Gewohnheit aneignen wollen. Aber lassen sich Gewohnheiten auch wieder ablegen? Das ist eine wichtige Frage, denn gerade die schlechten Gewohnheiten schleichen sich mit der Zeit unbemerkt ein und sind plötzlich vorhanden, ohne dass wir sie bewusst gefördert hätten.

# 3. Schlechte Gewohnheiten

Gewöhnung ist an sich ein sinnvoller, guter und – wie wir bereits gesehen haben – lebenswichtiger Prozess. Leider kann er wie so viele gute Dinge im Leben auch zu Schlechtem missbraucht werden. Dabei muss klar gesagt werden, dass auch schlechte Gewohnheiten oft unbewusst entstehen. Diese unbewussten schlechten Gewohnheiten wieder abzulegen, ist besonders schwer – denn bevor wir gegen sie vorgehen können, müssen wir sie erst einmal als solche erkennen. Viele Menschen schleppen den Ballast schlechter Gewohnheiten über Jahre, Jahrzehnte oder ein ganzes Leben mit sich herum, ohne zu merken, was sie da eigentlich tun. Um das nach Möglichkeit zu verhindern, geht es für uns vor allem darum, schlechte Gewohnheiten zu erkennen und ihre Muster zu durchbrechen.

## 3.1 Schlechte Gewohnheiten erkennen

Bevor wir eine schlechte Gewohnheit ablegen können, müssen wir sie erst einmal als eine solche erkennen. Denn vielleicht macht sie uns eigentlich eine Menge Freude! Oder sie fällt uns gar nicht auf, weil wir sie ganz unbemerkt ausüben. Manchmal können wir von bestimmten Gewohnheiten auch gar nicht lassen: Gewohnheiten und Süchte liegen mitunter in einer unangenehmen und gefährlichen Nähe zueinander.

Je früher wir deshalb schlechten Gewohnheiten entgegentreten, desto besser ist es – für uns und unser Umfeld. Wir sollten deshalb verstärkt auf die Anzeichen für schlechte Gewohnheiten achten. Aber was sind solche Anzeichen?

Erste Anzeichen für schlechte Gewohnheiten sind ganz einfach Probleme. Problemen jeder Art liegen oft schlechte Gewohnheiten zugrunde. Wenn wir einmal einfach unser Umfeld betrachten und überprüfen, wie es auf uns reagiert, kann uns das schon eine wertvolle Hilfestellung leisten. Das fängt schon in der Partnerschaft an. Bereits die Dichterin Marie Ebner-Eschenbach stellte fest, dass die Liebe zwar selbst den Tod überwinde, dass aber mitunter eine kleine schlechte Gewohnheit ausreiche, um die Liebe zu überwinden. Gibt es immer wieder Streit? Dann prüfen Sie, ob diese permanenten und wiederholten Zwistigkeiten möglicherweise mit einer Gewohnheit zu tun haben!

Auch Singles sollten ihr Leben auf den Prüfstand stellen: Wenn Sie zum Beispiel Probleme mit Ihrem Körpergewicht haben, dann ist es sehr wahrscheinlich und gut möglich, dass sich dahinter falsche Essgewohnheiten verbergen. Chips vor dem Fernseher, fettiges Fast Food am späten Abend, ständig zuckerhaltige Limonaden und sonstige Süßigkeiten – all das führt zwangsläufig zu störendem und auch gesundheitsschädlichem Übergewicht. An solche Dinge gewöhnt sich der Körper leider allzu schnell – und auch das Rauchen ist eine schlechte Gewohnheit, die man nur schwer wieder losbekommt. Gleiches gilt für regelmäßigen und möglicherweise übertriebenen Alkoholkonsum. Auch wenn Sie sich ständig müde und erschöpft fühlen, könnte dahinter einfach eine schlechte Ernährungsgewohnheit stehen. Es gibt eine Menge schlechter Ernährungsgewohnheiten – besonders verbreitet ist auch die Gewohnheit, zu wenig zu trinken.

Wenn Sie häufig unter Stress stehen und immer wieder mit Zeitdruck zu kämpfen haben, dann steht dahinter womöglich die schlechte Gewohnheit, Dinge immer wieder »auf den letzten Drücker«, im letztmöglichen Augenblick zu erledigen. Wenn Sie ständig zu spät kommen (und das möglicherweise auch von Ihrem beruflichen oder privaten Umfeld zu hören kriegen), dann sollten Sie sich einfach abgewöhnen, immer die späteste Bahn zu nehmen. Notorische Unpünktlichkeit ist eine schlechte Angewohnheit, die Sie ablegen können – und ablegen sollten, denn sie beeinträchtigt ihr Fortkommen im Beruf und im Privatleben.

Die Liste der schlechten Gewohnheiten ist nahezu endlos: Fehlt es Ihnen an Kraft und Energie, kann zum Beispiel ein Mangel an Schlaf die Ursache sein.

Es gibt kein Patentrezept für das Erkennen von schlechten Gewohnheiten. Aber eigentlich ist es ganz einfach: Halten Sie zum einen aktiv nach Problemen in Ihrem Alltag Ausschau. Analysieren Sie außerdem Ihre Lebensführung und gleichen Sie sie mit den bewährten Empfehlungen von Ärzten und sonstigen Experten ab. Wenn sich irgendetwas in Ihrem Leben nicht richtig anfühlt, wenn irgendetwas, sei es noch so nebensächlich, nicht in Ordnung zu sein scheint – dann untersuchen Sie diese Sache genau und prüfen Sie Ihr Verhalten. Vielleicht steckt eine schlechte Gewohnheit dahinter, die Sie ablegen können.

Vor allem aber: Bemühen Sie sich um keine faulen Ausreden. Schlechte Gewohnheiten lassen sich erkennen. Oft genug wissen Sie eigentlich ganz genau, welche schlechten Gewohnheiten Sie als Ballast mit sich herumschleppen. Sie wollen sich diesen Umstand nur nicht eingestehen und finden Ausflüchte, die den Blick auf die konkreten Probleme und ihre Behebung vernebeln.

## 3.2 Muster durchbrechen

Wenn wir eine schlechte Gewohnheit loswerden möchten, dann hilft uns dabei nur eines: Wir müssen das Muster, dem diese Gewohnheit folgt, aufbrechen. Wir müssen die gelben Steine aus dem Boden reißen, damit Dorothy sich einen neuen Weg durch Oz suchen kann. Weil vielleicht der ursprüngliche Weg zu umständlich ist oder an ein Ziel führt, das seine Relevanz für unser Leben längst verloren hat.

Am Anfang ist das Durchbrechen des Musters eine bewusste Entscheidung, ein Prozess, der Willen, Kraft und Energie kostet – und mit Sicherheit auch etwas Zeit. Aber es ist eine begrenzte Investition, die sich auszahlt. Denn wie beim Straßenbau müssen wir zunächst den alten Bodenbelag vielleicht mit dem Presslufthammer und sonstigem schweren Gerät aufbrechen und lösen. Aber wenn die alten Steine erst einmal abtransportiert sind, dann steht uns die Möglichkeit offen, einen ganz neuen, sauberen Straßenbelag zu verlegen – und zwar in genau die Richtung, die wir wollen, die uns auch wirklich weiterhilft und nicht in die Irre führt.

Wenn wir ein Problem als solches erkannt haben, dann müssen wir uns die Frage nach seiner Wurzel stellen. Wir müssen uns fragen, welches Verhalten von unserer Seite aus dieses Problem verursacht. Wenn wir zum Beispiel ständig zu spät kommen, dann liegt doch die Annahme nahe, dass wir einfach zu spät aufbrechen! Wenn wir dieses Muster erkannt haben, dann können wir es aktiv durchbrechen, indem wir immer fünf oder zehn Minuten eher gehen – und zwar konsequent, nicht nur manchmal.

Das Muster ist unser Feind. Es ist ein Geflecht aus Dornenranken, eine Fessel aus Ketten, die uns an einer freien Entfaltung hindert. Wir müssen es durchschlagen wie einst Alexander der Große den sprichwörtlich gewordenen Gordischen Knoten.

## 3.3 Schlechte Gewohnheiten durch etwas Gutes ersetzen

Wenn wir verhindern wollen, dass sich jemand zu uns setzt, den wir nicht mögen, dann sollten wir den freien Platz neben uns nach Möglichkeit besetzen. Am besten mit jemandem, der uns sympathisch ist. So verhält es sich auch mit den Gewohnheiten: Um eine schlechte Gewohnheit dauerhaft loszuwerden, genügt es nicht, das Muster zu durchbrechen –, wir müssen den freigewordenen Platz auch durch etwas Gutes ersetzen.

Indem wir uns gute Gewohnheiten zulegen, schalten wir viele schlechte Gewohnheiten und ihre negativen Effekte aus. Unsere Beispiele erheben selbstverständlich keinen Anspruch auf Vollständigkeit. Es geht nur darum, das Prinzip zu illustrieren: Überwinde Böses mit Gutem – das trifft auch und gerade auf Gewohnheiten zu.

### 3.3.1 Schlechte Essgewohnheiten sind lebensgefährlich

Nehmen wir zum Beispiel die schlechte Gewohnheit der ungesunden Ernährung. Hier können wir mit verschiedenen guten Gewohnheiten ansetzen und etwas verändern. Wir trinken zu wenig? Dann sollten wir uns angewöhnen, jeden Tag eine bestimmte Menge Wasser zu trinken. Wir stellen uns zum Beispiel eine 1,5-Liter-Flasche Wasser auf den Schreibtisch und leeren diese über den Tag verteilt. Wir meiden auch möglichst Getränke, die uns mehr austrocknen als mit Flüssigkeit versorgen – vor allem Alkohol, Koffein und Zucker.

Es würde natürlich zu weit führen, an dieser Stelle einen vollwertigen Ernährungsratgeber abliefern zu wollen – derartige Literatur gibt es ohnehin zuhauf. Aber ein paar Grundregeln helfen schon weiter: Die wichtigste lautet wahrscheinlich: keine Zwischenmahlzeiten. Das Essen nebenbei ist eine der schlechtesten Gewohnheiten, die wir im Zusammenhang mit unserer Ernährung pflegen können. Es wird vom Gehirn nicht richtig als Mahlzeit registriert und sorgt in den meisten Fällen für Übergewicht – weil es sich eben auch meist um Süßigkeiten und Fettiges handelt. Auch der Verzicht auf ein Frühstück ist eine schlechte Gewohnheit. Wir sollten uns eine Morgenroutine angewöhnen, die ein gesundes und kräftespendendes Frühstück beinhaltet – und damit ist im Idealfall kein Weißbrötchen mit Nutella gemeint. Es muss aber auch nicht immer ein Festmahl sein – und im schlimmsten Fall hilft auch eine Kleinigkeit zum Mitnehmen. Besser ist aber ein Frühstück ohne Zeitdruck am heimischen Esstisch.

Vor dem ständigen, oft spätabendlichen Bestellen bei irgendwelchen Fast-Food-Lieferdiensten sollten wir ebenfalls unbedingt Abstand nehmen. Besser ist es, geeignete kleine Mahlzeiten vorzubereiten und vielleicht auch portionsweise einzufrieren, so dass bei Bedarf schnell etwas aufgewärmt oder aufgetaut werden kann. Reines Fasten funktioniert häufig schlecht, weil unsere Gedanken dann so häufig nur ums Essen kreisen. Wir müssen aber unser Gehirn daran gewöhnen, nicht mehr im ungesunden Fast Food eine Leckerei zu erblicken, sondern in gesunden Alternativen.

### 3.3.2 Zu wenig Schlaf sorgt für Kräftemangel

Ein Großteil der Menschen bekommt zu wenig Schlaf. Der Idealwert von rund acht Stunden pro Nacht wird sowohl durch ein anstrengendes Berufsleben als auch durch ein vollgepacktes Privatleben in vielen Fällen sehr erschwert oder sogar unmöglich gemacht. Wir nehmen uns einfach zu viel vor und das Schlafen wird gelegentlich eingeschoben. Oft können wir die zur Verfügung stehende Zeit dann nicht einmal optimal nutzen, weil wir noch gar nicht bereit sind, den Tag loszulassen und einzuschlafen. Dann liegen wir lange wach und verschwenden die wertvolle Erholungszeit möglicherweise mit quälenden Grübeleien.

Dieses Problem wird sich nicht von selbst lösen! Aber wir können geeignete Maßnahmen ergreifen: keine elektrischen Geräte mehr im Bett, vor dem Schlafengehen keinen späten Kaffee mit Koffein mehr trinken, möglichst keine Aufregungen mehr. Ruhe und Runterkommen sind wichtig vor dem Zubettgehen, auch ein warmes Bad oder eine heiße Dusche können dabei helfen. Schlafmittel sind langfristig hingegen keine Lösung –, wer ohne solche nicht zur Ruhe kommt, sollte einen Arzt um Rat fragen.

### 3.3.3 Rückwärtsgewandtheit verhindert Vorwärtskommen

Es kann auch eine schlechte Gewohnheit sein, ständig über Vergangenes nachzugrübeln. Ungute Erinnerungen an Fehlschläge oder persönliche Enttäuschungen können uns ausbremsen. Gewöhnen wir uns an, über das nachzudenken, was aktuell vor uns liegt. Es hilft niemandem, wegen vergangener Schlachten zu leiden.

Das richtige Gegenmittel ist das bewusste Weglenken der Gedanken von Vergangenem zu den Hoffnungen der Zukunft und den Herausforderungen der Gegenwart. Wir dürfen auch ruhig einmal Träumen – das erweitert den Horizont, gibt uns ein positives Gefühl und ein lohnendes Ziel, auf das wir mit aller Kraft hin zusteuern können.

### 3.3.4 Aus Kleinigkeiten keine großen Ärgernisse machen

Kleine Dinge können oft große Anstöße geben. Jeder, der bei einem längeren Spaziergang einmal einen spitzen Stein im Schuh hatte, wird das bestätigen können. Aber was macht man mit einem solchen Stein? Man entfernt ihn, wirft ihn fort und würdigt ihn keines weiteren Gedankens mehr. Niemand, der einmal eine solche Erfahrung gemacht hat, wird heute noch wissen, wie ein solcher Stein ausgesehen hat. In den meisten Fällen hat man schon beim Fortsetzen der Wanderung vergessen, dass der Stein überhaupt da war.

Es ist aber leider eine weit verbreitete, schlechte Gewohnheit, kleinen Ärgernissen viel zu viel Bedeutung beizumessen. Der unnötige und übertriebene Ärger bremst uns aus und hindert uns am Fortkommen. Ein Trick aus der Filmindustrie kann uns helfen: Wir zoomen mit der Kamera heraus, betrachten das Bild in der Totale, mit den richtigen Größenverhältnissen. Oder für Naturfreunde: Wir werden zum Vogel, erheben uns in die Lüfte und schauen auf unser Leben hinab – und merken, wie klein doch das Steinchen des Anstoßes ist, das uns so viel Zeit und Energie kostet.

Der Schlüssel ist die Frage: Wird mich diese Sache heute Abend noch ärgern? Lautet die Antwort nein, dann lohnt sich keine weitere Beschäftigung mehr damit. Wenn ja, kommt die nächste Frage: Wird es mich morgen noch ärgern? Nächste Woche? Nächsten Monat? Nächstes Jahr? Handelt es sich um eine Sache, die uns dauerhaft behindern oder verärgern wird, dann kann es durchaus lohnend sein, sich mit dieser auseinanderzusetzen und sie aufzuarbeiten. Für die meisten Steinchen des Alltags lohnt sich diese Mühe aber nicht. Deshalb sollten wir diese Gewohnheit aufgeben und uns über das gute Gesamtbild freuen. Über jedes kleine Steinchen kommen man so in der Regel auf viele schöne Dinge!

### 3.3.5 Übermäßiger Alkoholgenuss und Rauchen

Wir haben schon von der Wichtigkeit einer gesunden Ernährung gesprochen, aber das Rauchen und der Alkohol verdienen trotzdem eine gesonderte Erwähnung. Interessanterweise gibt es Menschen, die an sich sehr gesund leben und trotzdem dem Alkohol und dem Nikotin zugewandt sind. Diese beiden Gewohnheiten gehören zu den hartnäckigsten und schwierigsten Lastern überhaupt. Sie stellen nämlich mächtige Belohnungen dar, die eine konkrete Situation spürbar erleichtern und aufwerten können. Unser Belohnungszentrum wird voll bedient und oft kommt noch der Gruppenzwang hinzu –, zum Beispiel, wenn Jugendliche in der Clique am Wochenende das berüchtigte Komasaufen betreiben.

Aber keine Gewohnheit ist übermächtig oder unbezwingbar. Wir sind immer stärker, wenn wir das wirklich wollen. Genau da liegt die Crux: Oft wollen wir von bestimmten Dingen nur halbherzig lassen, weil sie uns eigentlich eine gewisse Befriedigung verschaffen. Hier kann es enorm hilfreich sein, wenn wir Kompromisse eingehen und unserem Gehirn Ersatzbefriedigungen anbieten – ein bestimmter Tee, den wir bewusst immer dann trinken, wenn wir eigentlich ein Bier haben möchten. Ein Kaugummi, den wir immer dann kauen, wenn wir eine Zigarette möchten. Auch ein Nikotinpflaster kann helfen. Ist die Gewohnheit zur Sucht geworden, kann es sehr schwer sein, sie in Eigenregie abzulegen – wir sollten uns dann ohne falsche Scham Hilfe von einem Experten holen.

### 3.3.6 Negative Verhältnisse aus Gewohnheit aushalten

Viele Menschen sind in ihren Verhältnissen unglücklich, haben sich an dieses Muster aber so sehr gewöhnt, dass sie nicht imstande sind, etwas zu ändern. Diese Gewohnheit müssen wir so schnell wie möglich ändern, denn sie kann uns im wahrsten Sinne des Wortes das ganze Leben versauen. Wenn wir ständig gestresst und unzufrieden sind, dann heißt es genau hinzusehen und zu hinterfragen, wo das Problem liegt, damit wir dieses angehen und so schnell wie möglich ändern können.

Wenn wir also mit der Gesamtsituation unzufrieden sind, wie es so schön heißt, dann ist es höchste Zeit für eine Überarbeitung unserer Gewohnheiten. Es gibt immer irgendwo einen Punkt, der sich zeitnah ändern lässt. Das ist unser Ansatz! Von diesem Punkt aus arbeiten wir uns zu den weiteren Problemstellen in unserem Leben vor und ersetzen Schritt für Schritt negative Gewohnheiten durch positive.

### 3.3.7 Körperhygiene missachten

Es gibt kaum ein Kind, das nicht ständig von seiner Mutter gesagt bekommt: Händewaschen und Zähneputzen nicht vergessen. Trotzdem wird diese regelmäßige Pflicht in vielen Fällen nicht zur Gewohnheit, sondern zu einer gern verdrängten Unannehmlichkeit. Fehlt uns als Kind häufig noch die Geduld und das Einsichtsvermögen für diese wichtige Handlung, ist es mit zunehmendem Alter vor allem die eigene Bequemlichkeit, die uns veranlasst, die Körperhygiene zu vernachlässigen.

Das kann aber nicht nur unsere Gesundheit nachhaltig schädigen, sondern uns auch eine riesige Menge Geld kosten. Gerade Zahnprobleme können eine Menge Schmerzen und Kosten verursachen, die für die Betroffenen oft nicht zu bewältigen sind. Auch sonst ist es keine gute Idee, die notwendige gründliche Körperhygiene zu vernachlässigen: Insbesondere über die Hände können unzählige Keime und Erreger übertragen werden. Wir sollten uns also unbedingt angewöhnen, nach dem Aufstehen und vor dem Schlafengehen die Zähne zu putzen und zumindest die Hände regelmäßig zu waschen, weil sie andernfalls ein Einfallstor für Krankheiten und Infektionen darstellen.

Frauen pflegen zudem häufig die Angewohnheit, sich abends nicht abzuschminken, wenn es mal später wird oder der Antrieb dazu fehlt. Auch das ist eine Angewohnheit, die es abzulegen gilt. Am besten geschieht das, indem das Abschminken noch vor dem gemütlichen Teil des Abends angegangen wird –, zumindest wenn dieser gemütliche Teil zu Hause ohne Besuch absolviert wird.

### 3.3.8 Ohne Schutz aus dem Haus

Wenn es schnell gehen soll, gehen wir gerne ohne den notwendigen Schutz aus dem Haus. Das betrifft vor allem den Sonnenschutz, den viele Menschen nur für den Strandbesuch eingeplant haben – dabei kann die schädliche UV-Strahlung auch sonst viel Schaden anrichten, sogar im Winter. Wer nach draußen an die frische Luft geht und sich Wind, Wetter und vor allem der Sonne aussetzt, sollte unbedingt auf geeignete Schutzcremes und ähnliche Hilfen setzen. Auch vor der Zugluft sollten wir uns durch warme Schals und entsprechende Kleidung schützen. Oft entstehen langwierige Krankheiten nur durch vermeintlich kleine Unachtsamkeiten.

### 3.3.9 Zu viel Zeit online verbringen

Das Internet übt eine enorme Anziehungskraft auf alle Altersgruppen aus. Unzählige Inhalte warten darauf, entdeckt zu werden, und insbesondere die sozialen Medien können Menschen für unzählige Stunden fesseln – oftmals mit Nichtigkeiten ohne jede Aussagekraft. Oft geht die Begeisterung für die virtuellen Welten so weit, dass Beziehungen im echten Leben darunter leiden.

Hier müssen wir unbedingt einhaken und gegensteuern. Wir können und sollten mit echten Erfahrungen und Erlebnissen der virtuellen Scheinwelt entfliehen. Setzen wir uns einen festen Zeitpunkt und ein Limit im Umgang mit den sozialen Medien und treffen uns mit Freunden und Bekannten aus unserem wirklichen Leben. Treiben wir Sport, gehen wir ins Kino – und so nehmen wir ganz einfach am echten Leben teil!

### 3.3.10 Leerstellen mit positiven Inhalten besetzen

Das Gefährlichste bei dem Versuch, schlechte Gewohnheiten loszuwerden, sind die Leerstellen. Wird einer schlechten Gewohnheit nur mit bloßem Verzicht begegnet, dann besteht immer die Gefahr, dass sich diese Gewohnheit mit der Zeit wieder zurückmeldet. Das kennen wir doch alle vom Fasten: Je länger wir nichts essen, desto höher ist das Risiko eines Rückfalls – und oft wird dann im Überschwang des Heißhungers noch mehr gegessen, als eigentlich üblich und nötig. Bei Diäten sprechen wir hier oft von einem sogenannten Jo-Jo-Effekt.

Um einen solchen Jo-Jo-Effekt zu vermeiden, müssen wir die Lücke, die durch den Verzicht auf eine schlechte Gewohnheit entsteht, möglichst fugendicht füllen. Am besten gelingt das mit einer guten Gewohnheit. Aber was sind eigentlich gute Gewohnheiten? Davon handelt das nächste Kapitel.

# 4. Gute Gewohnheiten

Gute Gewohnheiten sind etwas Tolles. Wir wollen auf keinen Fall auf sie verzichten! Für viele Menschen mit einem erfolgreichen Leben waren es gerade die guten Gewohnheiten, die ein wichtiges und unverzichtbares Gerüst geboten haben.

## 4.1 Die Gewohnheiten der Erfolgreichen

Erfolgreiche Menschen werden manchmal auch als erfolgsgewohnt bezeichnet. Ein erfolgsgewohnter Mensch zeichnet sich meist durch seine auffallende Selbstsicherheit aus. Erfolg kann man aber lernen. Eine sehr wichtige Rolle auf dem Weg zum Erfolg spielen Gewohnheiten. Gewohnheiten sind kein Lottozettel, auf dem wir einige Zahlen ankreuzen und dann das Beste hoffen. Wir haben die Wahl und können uns genau die Gewohnheiten herauspicken, die uns auch garantiert weiterbringen. Einige sinnvolle und bewährte Gewohnheiten, die bereits vielen Menschen Erfolg gebracht haben, stellen wir hier vor.

### 4.1.1 Nichts auf die lange Bank schieben!

Die vielleicht gefährlichste aller Gewohnheiten ist die Prokrastination. Das Verzögern anstehender Aufgaben und Pflichten hat in der Vergangenheit bei vielen Menschen großen Schaden angerichtet. Insbesondere wirklich erfolgreiche Menschen zeichnen sich hingegen dadurch aus, die Dinge ohne eine überflüssige Verzögerung anzugehen. So mancher, der in Armut starb, hatte über seinem Bett ein Schild mit dem guten Vorsatz hängen: »Ab morgen wird gespart.« Leben und handeln wir heute, gewöhnen wir uns an, alles, was erledigt werden muss, so schnell und zeitnah wie möglich zu tun.

### 4.1.2 Auch das Leben braucht einen Plan!

Wir kennen alle den Stundenplan aus der Schule. Wahrscheinlich vermisst ihn niemand so richtig und wir alle waren froh, ihn endlich ins Altpapier geben zu können. Dabei ist ein solcher Plan eine äußerst nützliche Gewohnheit! Wer strikt nach Plan arbeiten kann, spart viel Zeit mit Überlegungen, was als Nächstes zu tun ist und muss sich auch keine Sorgen machen, dass etwas Wichtiges vergessen werden könnte. Natürlich ist das Leben nicht bis ins Kleinste hinein planbar und wir müssen auch keinen Plan erstellen, auf dem alle Eventualitäten berücksichtigt sind. Aber oft hilft schon eine einfache To-do-Liste dabei, die Dinge im Fluss zu halten.

### 4.1.3 Die Finanzen genau im Blick behalten!

Wenn das Leben einen Plan braucht und eine To-do-Liste sehr zu empfehlen ist, dann gilt das noch in viel stärkerem Maße für alle finanziellen Aspekte. Zahlreiche Menschen leben über ihre Verhältnisse und gefährden damit massiv ihren Erfolg. Wenn es also eine Sache gibt, über die wir immer und zu jedem Zeitpunkt den vollständigen Überblick haben sollten, dann sind das unsere Finanzen. Ausgaben und Einnahmen sollten genauestens verzeichnet werden! Wenn das geschieht, erledigt sich mancher unnötige Posten von selbst. Gerade in den Zeiten des bargeldlosen Bezahlens ist dieser Umstand noch wichtiger als bisher, denn das Geld gibt sich hier praktisch von selbst aus, ohne dass uns die Höhe der Ausgaben und die Relation zu unseren Einnahmen dabei wirklich bewusst ist. Es kann auch eine gute und hilfreiche Gewohnheit sein, am Zahltag regelmäßig einen bestimmten Prozentsatz des Gehalts zur Seite zu legen – auf ein Sparkonto oder in den berühmten Sparstrumpf.

### 4.1.4 Positives in den Mittelpunkt rücken!

Menschen neigen dazu, sich vor allem mit negativen Ereignissen zu beschäftigen. Die Nachrichten sind für uns vor allem dann interessant, wenn sie über Katastrophen und Tragödien berichten. Auch in unserem persönlichen Leben dominieren die negativen Erfahrungen oft unseren Geist. Das ist aber gerade falsch und kann unser Lebens- und Selbstbild massiv verzerren. Es ist wichtig, dass wir den Kopf über Wasser behalten und immer wieder wichtige Atemluft bekommen. Gewöhnen wir uns an, jeden Abend vor dem Schlafengehen wenigstens eine positive Erfahrung des Tages zu notieren. Oder noch besser zwei

– oder drei. Das tun wir jeden Abend, um ein Gefühl dafür zu bekommen, was an diesem zu Ende gehenden Tag gut war. Entsprechend gehen wir mit einem guten Gefühl zu Bett, schlafen sehr wahrscheinlich besser und gewinnen ein positiveres Mindset für den nächsten Tag.

### 4.1.5 Ein Zeit-Limit für die sozialen Medien setzen!

Die sozialen Medien sind Zeitfresser ersten Ranges. Zu den weitverbreitetsten Gewohnheiten, die man als schlecht bezeichnen kann, gehört eine übermäßige Beschäftigung mit Facebook, Twitter, Instagram & Co. Oft werden ganze Tagesabläufe gesprengt und wichtige Punkte auf der To-do-Liste bleiben liegen. Beim Studium der sozialen Medien geht meist jedes Zeitgefühl verloren, der angedachte kurze Blick wird schnell zum stundenlangen Zeitvertreib – vor allem, wenn man sich auch noch auf eine Konversation einlässt. Dagegen hilft nur die eiserne Gewohnheit, die zur Verfügung stehende Zeit zu rationieren. Es muss ein klares Limit gesetzt werden – vielleicht eine Stunde oder eineinhalb, abhängig natürlich auch von dem zur Verfügung stehenden Zeitrahmen und den anfallenden Verpflichtungen. Erfolgreiche Menschen leben auch in dieser Hinsicht nicht einfach in den Tag hinein, sie legen klare Grenzen fest.

### 4.1.6 Regelmäßige Bewegung fest einplanen!

Ein gesunder Körper muss bewegt werden, sonst ist es schnell vorbei mit der Fitness. Auch Bewegung oder gar Sport sind Dinge, die nicht einfach dem Zufall und dem Tagesgeschehen überlassen werden dürfen. Sie müssen fest eingeplant werden, sonst fallen sie viel zu häufig aus und können ihre positive Wirkung nicht erzielen.

Eine bestimmte Bewegungsart zu einer bestimmten Zeit muss zur Gewohnheit werden – nur so lässt sie sich langfristig durchsetzen. Ob das nun ein Nachmittagsspaziergang ist oder gleich eine ganze Trainingseinheit im Fitnessstudio – das bleibt natürlich Ihnen selbst und Ihren persönlichen Lebensumständen überlassen. In jedem Fall ist regelmäßige Bewegung eine sehr wichtige Gewohnheit. Sie dient unmittelbar der Gesundheit. So sind Sie auch viel besser für weitere Aufgaben gerüstet. Am besten ist natürlich Bewegung an der frischen Luft. So werden gleich zwei wichtige Bedürfnisse des Körpers gestillt. Es gibt viele gute Gewohnheiten, die mehr Bewegung in den Alltag bringen: Nehmen Sie die Treppe anstelle des Aufzuges, parken Sie Ihr Auto nicht unmittelbar am Ziel, sondern immer ein paar Stationen früher und laufen Sie die restlichen Meter. Es muss nicht immer viel Bewegung auf einmal sein, sondern vor allem regelmäßige Bewegung.

### 4.1.7 Gewohnheit macht Geschmack – eine gesunde Ernährung ist wichtig!

Viele schlechte Gewohnheiten stehen auch mit der Ernährung in Zusammenhang. Normalerweise stopfen sich erfolgreiche Menschen nicht jeden Tag Fast Food und Süßigkeiten in den Mund, denn Zucker und Nährstoffmangel machen träge. Essen hängt sehr stark mit Gewohnheiten zusammen. Das fängt schon im Kindesalter an: Wenn Kinder früh an den Geschmack von Süßigkeiten gewöhnt werden, dann hat gesunde Kost wie Gemüse und Salat einen schweren Stand. Je früher eine gesunde Ernährung als Gewohnheit etabliert wird, desto besser. Aber: Es ist nie zu spät, seine Gewohnheiten zu ändern! Das gilt besonders für Essgewohnheiten.

### 4.1.8 Tee und Wasser statt Alkohol und Nikotin!

Zu viel Alkohol ist ungesund, das hat sich herumgesprochen. Auch das Rauchen steht nicht im besten Ruf. Trotzdem gehört es zu den Gewohnheiten vieler Menschen, regelmäßig diese Rauschmittel zu konsumieren. Das kostet zum einen viel Geld und geht zum anderen auch zulasten der Gesundheit. Es sprechen also viele Gründe dafür, diese Gewohnheit abzulegen. Erfolgreiche Menschen schlafen in der Regel morgens nicht stundenlang einen Rausch aus und sind auch nicht von Genussmitteln abhängig. Es ist eine hilfreiche Gewohnheit, anstelle von Alkohol Tee und Wasser zu trinken. Eine Tasse Kräutertee oder ein Glas Wasser können auch eine Zigarette ersetzen. So können Sie auch das gefährliche Pausenritual durchbrechen, bei dem Sie sich vielleicht schon daran gewöhnt haben, immer eine Zigarette zu rauchen. Und zum Fernsehabend stellen Sie eben gleich die Wasserflasche auf den Tisch. Wichtig ist, dass Sie erst gar nicht über eine mögliche Wahl nachdenken: Sie müssen einfach daran gewöhnt sein, keine Zigarette zu rauchen und keinen Alkohol zu trinken!

### 4.1.9 Regelmäßige Pausen bei der Arbeit

Wenn wir eben davon gesprochen haben, dass Sie das Ritual, in der Pause eine Zigarette zu rauchen, unbedingt ablegen sollten, dann heißt das nicht, dass Sie keine Pausen mehr machen sollten. Ganz im Gegenteil: Pausen sind wichtig und sollten regelmäßig und ausreichend lange eingelegt werden. Dabei sind regelmäßige, zu einer bestimmten Zeit festgesetzte Pausen sinnvoller als Querbeet-Pausen, die Sie nach Bedarf einschieben. Warum ist das so? Wenn Sie dringend eine Pause brauchen, dann brennt es schon, dann ist es eigentlich bereits zu spät. Die Pause wird dann nur zum Feuerlöscher, aber es bleibt ein verbrannter Geruch zurück. Regelmäßige Pausen sind hingegen ein wirksamer Brandschutz: Sie verhindern eine vorzeitige Erschöpfung und so können Sie Ihr Pensum besser bewältigen. Schon in der Schule gab es alle 45 Minuten den Pausengong. Sie könnten zum Beispiel eine fünfminütige Pause pro Stunde festsetzen. Wenn diese erst einmal zur Gewohnheit wird, dann kann das Ihren Stresspegel senken und die Anspannung lösen, ohne dass das angestrebte Tagespensum auf der Strecke bleibt.

### 4.1.10 Gezielte Kontakt- und Beziehungspflege

Menschen mit einem intakten Freundeskreis und/oder einer funktionierenden Beziehung leben besser und gesünder. Beziehungen funktionieren in der Regel aber nicht von allein, sie bedürfen der Pflege. Im vollgepackten beruflichen Alltag verliert man sich schnell aus den Augen. Wenn man darauf wartet, dass sich eine Gelegenheit ergibt, um einmal wieder zusammenzutreffen, dann wartet man möglicherweise sehr lange – vielleicht sogar zu lange, um die Beziehung weiter auf einem gesunden Level zu halten. Deshalb sollten Sie sich angewöhnen, Ihre Freunde regelmäßig zu treffen. Früher nannte man das einen Stammtisch, aber lassen Sie sich von diesem etwas in Verruf geratenen Begriff nicht abschrecken. Es geht darum, Kontakt zu halten und ein Vertrauensverhältnis zu pflegen. Es müssen gar nicht immer tiefsinnige Gespräche sein – manchmal genügt auch ein gemeinsamer Besuch im Kino. Für Paare gilt das Gesagte natürlich auch: Wenn beide berufstätig sind und möglicherweise noch Kinder haben, bleibt die Zeit zu zweit zwangsläufig auf der Strecke. Das hat schon vielen Beziehungen auf Dauer das Wasser abgegraben. Machen Sie es sich deshalb zur Gewohnheit, zu festen

Zeiten oder aber zumindest regelmäßig Zeit miteinander zu verbringen. Verabreden Sie sich mit dem eigenen Partner –, denn es hilft! Es gibt Paare, die verabreden sich sogar zum Sex – und es funktioniert! Jedenfalls besser als ein allmähliches Auseinanderleben wegen mangelnder körperlicher Nähe. Am Ende ist auch eine glückliche Beziehung eine Frage der Gewohnheit.

### 4.1.11 Ärztliche Routineuntersuchungen sollten zur Gewohnheit werden.

Viele Menschen gehen erst zum Arzt, wenn etwas weh tut. Oft ist es dann aber schon zu spät. Experten sind sich einig, dass gewisse Routineuntersuchungen unverzichtbar sind. Am besten ist es auch hier, aus dem Arztbesuch eine Gewohnheit zu machen. Wenn schon am Jahresanfang die entsprechenden Termine regelmäßig eingeplant werden, dann lässt sich mit dieser Gewohnheit manche Krankheit verhindern. Oft bringt diese Gewohnheit auch einen konkreten, messbaren Vorteil: Wer regelmäßig bei seinem Zahnarzt die Zahngesundheit prüfen lässt, erhält von seiner Krankenkasse bessere Konditionen. Die regelmäßige Vorsorgeuntersuchung beim Gynäkologen, Urologen, Zahnarzt etc. sollte eine Selbstverständlichkeit sein und kann unser Leben nicht nur besser machen, sondern sogar retten.

## 4.1.12 Immer eins nach dem anderen

Die Fähigkeit zum Multitasking wird gewöhnlich vor allem Frauen gerne zugeschrieben, ist aber unter Forschern sehr umstritten. Tatsächlich ist Multitasking eher als eine schlechte Angewohnheit zu sehen, denn wer viele Dinge gleichzeitig erledigen will, erledigt zwangsläufig keine Sache richtig gut. Besser ist es immer, einen Schritt nach dem anderen zu tun. Auf diese Weise empfindet man keine Überforderung und stellt sicher, dass jede Aufgabe mit voller Konzentration und Leistungsfähigkeit angegangen wird. Langfristig wird dieses Vorgehen mehr Erfolg bringen als ein hektisches Springen zwischen allen Stühlen.

## 4.1.13 An jedem Tag eine neue Lektion

Egal ob es um einen Fortbildungskurs, eine neue Sprache oder etwas ganz anderes geht: Wenn Sie etwas lernen möchten, dann müssen Sie aus diesem Vorsatz eine Gewohnheit machen. Gewöhnen Sie sich daran, jeden Tag eine bestimmte Zeitspanne in die entsprechenden Übungen zu investieren. Am Anfang werden Sie kaum ein Wachstum feststellen, aber mit der Zeit und wahrscheinlich unbewusst stellt sich der Erfolg ein. Steter Tropfen höhlt den Stein –, das ist nichts anderes als ein Bild für eine Gewohnheit. Dabei ist jeder Tag, an dem Sie mit dieser Gewohnheit brechen, ein empfindlicher Rückschlag. Bleiben Sie unbedingt konsequent am Ball und gewöhnen Sie sich einfach daran, jeden Tag dieselbe Zeit für das Lernen zu verwenden. Ein gleichmäßiges Pensum ist dabei wichtiger als gelegentliche, extreme Ausschläge. Wenn Sie jeden Tag fünf Vokabeln lernen, bringt Ihnen das auf Dauer mehr, als auf einmal zwanzig und dann wieder tagelang keine einzige.

### 4.1.14 Gute Ideen sofort festhalten!

Ideen kommen und gehen, manchmal an den seltsamsten Orten. Wenn Sie einen Einfall haben, der Ihnen gefällt, dann sollten Sie diesen sofort festhalten. Es genügt, wenn Sie knapp die wichtigsten Kerngedanken schriftlich fixieren, um später darauf zurückgreifen zu können. Viele gute Ideen sind schon verloren gegangen, weil sie nicht rechtzeitig notiert werden – und viel Zeit musste dann für neue Überlegungen aufgebracht werden, um einen Gedanken zu fassen, der vielleicht schlechter ist als einer, den wir schon gehabt, aber wieder vergessen haben. Ideen und auch Entschlüsse sollten schriftlich festgehalten und so schnell wie möglich umgesetzt werden. Das ändert nichts daran, dass Sie im Falle des Zweifels auch einmal über einen Gedanken oder eine Entscheidung schlafen dürfen. Wenn Sie dann eine Idee bewusst und mit guten Gründen verwerfen, ist das allemal besser, als wenn Ihnen ein guter Impuls verloren geht.

### 4.1.15 Negative Bekanntschaften lösen

Nicht umsonst heißt es: Sage mir, mit wem du Umgang hast, und ich sage dir, wer du bist. Unser Umfeld übt einen prägenden Einfluss auf uns aus. Und wir sollten der Wahrheit ins Auge sehen: Es gibt Menschen, die uns nicht guttun. Wenn wir feststellen, dass uns bestimmte Personen in unserem Bekanntenkreis immer wieder auf die Stimmung schlagen, weil sie fortlaufend Negativität verbreiten, unzuverlässig sind, vielleicht sogar zu unserem Nachteil handeln – dann sollten wir diese Menschen aus unserem Umfeld entfernen. Das bedeutet natürlich nicht, dass Sie guten Freunden oder gar Familienmitgliedern, die eine schwere Zeit durchmachen und deshalb getrübter Stimmung sind, den Laufpass geben und nicht beistehen sollten. Es geht um Menschen mit einer negativen Grundhaltung, die sich jeder Weiterentwicklung verweigert und immer und überall die Stimmung vergiftet. Wenn Sie an Ihrem Arbeitsplatz einen Kollegen haben, der in jeder Pause auf die Arbeit, den Chef und die Kollegen schimpft, dann suchen Sie sich eine andere Gesellschaft.

### 4.1.16 Keine Spontankäufe tätigen!

Die Werbeindustrie zielt darauf ab, uns mit ausgeklügelten Impulsen zu Spontankäufen zu bewegen. Es ist aber eine ausgesprochen schlechte Angewohnheit, derartigen Impulsen nachzugeben. Für unsere Finanzen ist ein derartiges Verhalten Gift. Gewöhnen wir uns stattdessen unbedingt an, nie einen spontanen Impulskauf zu tätigen. Im Online-Handel können wir das entsprechende Produkt einfach in der Favoritenleiste abspeichern oder auf einen Wunschzettel verschieben, den viele Händler als Service für ihre Kunden anbieten. Wenn wir ein oder zwei Nächte über unseren Wunsch geschlafen haben, stellen wir möglicherweise fest, dass wir den betreffenden Artikel doch nicht so dringend brauchen, dass unsere finanziellen Mittel eine solche Anschaffung im Moment wirklich nicht hergeben oder dass das Preis-Leistungs-Verhältnis im Augenblick einfach zu schlecht ist und wir mit der Anschaffung noch ein wenig warten können.

### 4.1.17 Ordnung muss sein – nicht als Pflicht, sondern als Gewohnheit

Unordnung ist alles andere als ein kleiner Schönheitsfehler. Eine unordentliche Umgebung strahlt auf unser Leben ab und kann Unruhe in unseren ganzen Alltag bringen.

## 4.1.18 Nicht wegschauen – helfen!

Machen Sie es sich zur Gewohnheit, bei kleinen und großen Problemen, die Ihnen während Ihres Tages begegnen, sofort und entschlossen einzugreifen. Sie werden feststellen, dass Ihnen diese neu entwickelte Tatkraft enorm weiterhilft. Dabei geht es gar nicht um das Sammeln von Karma-Punkten, sondern um eine neue Form der Kontrolle über Ihr Leben und Ihren Alltag. Sie werden außerdem feststellen, dass es Ihnen einen psychologischen Schub gibt, wenn Sie anderen Menschen helfen. Möglicherweise schließen Sie auf diese Weise auch Bekanntschaften, die für Sie selbst ein Gewinn sind? Wer anderen hilft, hilft auch immer sich selbst – und sei es nur durch eine Verbesserung des persönlichen Mindsets.

## 4.2 Welche Gewohnheiten bringen mich im Alltag weiter?

Es gibt gute Gewohnheiten, es gibt schlechte Gewohnheiten und es gibt Gewohnheiten, die eben da sind, aber nicht viel ausmachen – in keine Richtung. Wir haben bereits festgestellt, dass wir schlechte Gewohnheiten ablegen möchten und über die neutralen Gewohnheiten brauchen wir uns jetzt nicht zu kümmern. Die Gewohnheiten, die uns hier und jetzt interessieren, sind die Gewohnheiten, die uns weiterbringen.

Es gibt eine Menge Gewohnheiten, die uns im Alltag wirklich einen Vorteil verschaffen. Einige davon sind bereits in früheren Kapiteln angeklungen. Allerdings ist es wichtig, hier eines festzustellen: Das Angewöhnen guter Gewohnheiten ist kein Wettkampf. Es geht ganz sicher nicht darum, dass wir uns aus der Liste der an sich guten Gewohnheiten möglichst viele herauspicken und uns aneignen. Wozu auch? Wichtig ist nur, was uns persönlich in unserem Alltag auch wirklich weiterbringt.

Natürlich können wir uns auch angewöhnen, jeden Morgen zum Frühstück einen Donut mit extra dickem Zucker- oder Schokoladenguss zu verspeisen. Wahrscheinlich wird uns das Etablieren dieser Gewohnheit sogar recht leicht von der Hand gehen. Aber bringt uns diese Gewohnheit wirklich weiter? Das darf doch bezweifelt werden.

Deshalb müssen wir die Liste der guten Gewohnheiten mit unserem beruflichen und privaten Alltag abgleichen und eine sinnvolle Auswahl treffen. Übertriebene Gründlichkeit an einer falschen Stelle verschlingt viele unnötige Ressourcen und kann uns auf unserem Weg zurückwerfen und ausbremsen. Das lässt sich aber leicht vermeiden, wenn wir uns ganz ökonomisch nur mit den Dingen beschäftigen, die für uns von Bedeutung sind.

Das ist übrigens auch ein entscheidender Grund, warum wir in diesem Buch nicht einfach ein Patentrezept vorfinden, mit dem sich ein erfolgreiches Leben auf der Grundlage guter Gewohnheiten gewinnen lässt. Menschen und Lebensweisen sind einfach immer eine sehr individuelle Angelegenheit, auch wenn es natürlich Gemeinsamkeiten gibt.

Ohne in irgendeiner Form den Egoismus predigen zu wollen, lautet deshalb der wichtige Ratschlag: Schauen wir zuerst auf uns selbst. Und bei allem, was wir tun, sollten wir die möglichen Konsequenzen bedenken – damit wir unsere Energie nicht auf Gewohnheiten verschwenden, die sich später als falsch herausstellen.

## 4.3 Neue Gewohnheiten etablieren

Wenn wir ein Defizit erkannt haben und auch wissen, wie wir dagegen vorgehen können, dann hilft uns das allein noch nicht weiter. Wir müssen uns auch darüber im Klaren sein, wie wir unsere angestrebte neue Gewohnheit etablieren können. Dabei sollten wir uns in diesem Fall nicht darauf verlassen, dass wir uns mit der Zeit schon unbewusst die richtige Verhaltensweise aneignen. Denn leider klappt diese unbewusste Aneignung viel besser mit schlechten Gewohnheiten als mit guten.

Für so manche gute Gewohnheit müssen wir selbst aktiv werden. Wenn wir zum Beispiel morgens früher aufstehen wollen, um endlich regelmäßig pünktlich in die Schule oder zur Arbeit zu kommen, dann müssen wir uns den Wecker stellen. Ohne diese Maßnahme bleibt das Risiko, dass wir vielleicht doch nicht rechtzeitig wach werden und den wichtigen Termin verschlafen.

Um neue Gewohnheiten zu etablieren, müssen wir also zu Beginn eine bewusste Entscheidung für diese Gewohnheit treffen. Wir müssen eine Regel aufstellen und damit ein Stück weit unsere Freiheit aufgeben oder zumindest einschränken.

Am Anfang ist eine neue Gewohnheit möglicherweise genau das Gegenteil von einem bequemen Automatismus. Deshalb dürfen wir die Gewohnheit nicht sich selbst überlassen, sondern müssen nach einem genauen Plan vorgehen. Aber wie sieht der aus?

### 4.3.1 Immer nur eine Gewohnheit auf einmal

Wir sollten uns nicht übernehmen. Ob wir eine Gewohnheit ablegen oder etablieren wollen – es sollte nach Möglichkeit immer nur eine sein. Eine Verhaltensänderung ist keine leichte Sache und wir kommen weit besser voran, wenn wir unser Gehirn nicht überfordern, sondern uns zunächst auf eine einzige Gewohnheit konzentrieren und uns diese Entscheidung bewusst machen. Gerade am Anfang sind wir besser bedient, wenn wir uns eine einfachere Gewohnheit vornehmen – es ist deutlich leichter, jeden Tag fünf Minuten früher aufzustehen, als sich das Rauchen oder das Trinken komplett abzugewöhnen. Wir wollen schließlich Land sehen und nicht schon am Anfang untergehen.

### 4.3.2 Ein konkretes Ziel formulieren

Wir brauchen ein konkretes Ziel, das wir erreichen können. Ohne ein solches Ziel besteht die Gefahr, dass unsere Bemühungen ins Leere laufen. Dann investieren wir viel Zeit und Mühe und fahren trotzdem kein Ergebnis ein. Einen solchen Fehlschlag möchten wir natürlich vermeiden. Deshalb müssen wir unsere angestrebte Gewohnheit an konkreten Punkten festmachen. Wenn wir zum Beispiel mehr Bewegung in unserem Alltag möchten, dann müssen wir aus diesem ungefähren Wunsch ein konkretes und messbares Vorhaben machen: Jeden Tag eine Runde um den Block. Oder immer die Treppe nehmen anstelle des Aufzugs und so weiter, und so fort. Es können gerade am Anfang ruhig kleine Ziele sein, die wir dann sukzessive erweitern. Wichtig ist die Erreichbarkeit.

### 4.3.3 Alle Ziele und Entwicklungen protokollieren

Der Mensch vergisst und verdrängt mitunter schnell, vor allem, wenn es sich um unangenehme Dinge handelt. Wenn wir unsere Ziele und Meilensteine nicht schriftlich festhalten, dann kann es schnell dazu kommen, dass wir sie aus den Augen verlieren. Schreiben wir unsere Ziele auf – und führen wir Buch, wie wir uns diesen nähern. Im einfachsten Fall kann dafür sogar eine Strichliste genügen: So gewinnen wir einen Überblick, an welchen Tagen wir das gesteckte Ziel erreicht haben. Wenn sich die Striche möglichst lückenlos mehren, ist das ein enormer Motivationsschub! Umgekehrt zeigen uns die fehlenden Striche an, wenn wir die Zügel schleifen lassen und wieder mehr Einsatz zeigen müssen.

### 4.3.4 Einen realistischen Zeitrahmen setzen

Zu hohe Erwartungen haben schon manches Vorhaben zunichte gemacht. Zu einer realistischen Zielvorgabe gehört auch ein vernünftiger zeitlicher Rahmen. Denken wir daran, dass die Wissenschaft ganz offiziell eine Frist von über sechzig Tagen festgesetzt hat, die für das Etablieren einer neuen Gewohnheit benötigt werden. Wir sollten nicht davon ausgehen, dass wir Überflieger sind, die alles viel schneller schaffen können. Lassen wir uns also Zeit und überfordern wir uns nicht: „Gut Ding will Weile haben" und eine gute Gewohnheit ist mit Sicherheit ein solches „gut Ding".

### 4.3.5 Kein Mensch ist eine Insel – wir lassen uns helfen!

Wir sind nicht der Poor Lonesome Cowboy, der einsam und allein in den Sonnenuntergang reitet. Wir sind ganz normale Menschen – und damit auch soziale Wesen. Wir helfen anderen – und lassen uns selbst auch gerne helfen. Natürlich kann niemand für uns früher aufstehen oder mit dem Rauchen aufhören. Aber es schadet sicher nicht, wenn wir unser Umfeld über unsere Ziele in Kenntnis setzen und um Hilfe bitten. Dann bietet der Kollege keine Zigarette mehr an oder die Familie hilft dabei, den Speiseplan an die Erfordernisse für eine Gewichtsverringerung anzupassen. Wahrscheinlich schadet es zum Beispiel Ihren Kindern auch nicht, etwas mehr Gemüse und weniger Süßigkeiten zu essen. Wenn wir dann ganz automatisch ein Bier aus dem Kühlschrank holen wollen, dann kommt vielleicht die helfende Mahnung, die uns an unser Vorhaben erinnert. Diesen Effekt sollten wir mitnehmen!

### 4.3.6 Nicht entmutigen lassen – immer am Ball bleiben!

In der Länge liegt die Last und was am Morgen noch leicht schien, kann am Nachmittag ziemlich anstrengend werden. Dieses Gefühl ist nur menschlich, aber wir sollten uns nicht davon überwinden lassen. Wer da bellt und jault, ist unser innerer Schweinehund. Ganz ehrlich: Er ist ein furchtbares Mistvieh – auch für ausgemachte Tierfreunde. Man kann nichts Gutes über ihn sagen und am besten werfen wir ihn so schnell wie möglich aus dem Haus. Auf keinen Fall aber sollten wir ihn füttern oder mit ihm Gassi gehen. Das heißt: Wir lassen uns nicht entmutigen, wenn uns langweilig wird und die Erfolge möglicherweise ausbleiben. Wir haben uns ein konkretes Ziel gesetzt und darauf arbeiten wir hin – darüber gibt es keine Diskussion. Nicht mit uns selbst und auch nicht mit anderen.

### 4.3.7 Rückschläge sind Lektionen und bringen uns weiter

Wohl jeder, der schon einmal versucht hat, sein Verhalten an einer bestimmten Stelle zu ändern, kennt das unschöne Gefühl des Rückschlags, der kleinen, unvorhergesehenen Niederlage, die für einen ungewollten und plötzlichen Fehler sorgt. Je länger man es geschafft hat, eine bestimmte Sache durchzuhalten, desto empfindlicher schmerzt der Rückfall. Aber dazu besteht gar kein Grund – jedenfalls brauchen wir uns davon nicht entmutigen lassen. Stattdessen sollten wir in jedem Rückschlag eine Chance sehen, unser Netz engmaschiger und sicherer zu knüpfen. Untersuchen wir genau, woran wir gescheitert sind, was der Stolperstein war, der uns zu Fall brachte. Dann können wir daran gehen, diesen zu beheben. Unser Leben ist ein Langzeitprojekt. Da sind kleinere (und manchmal auch größere) Rückschläge ganz normal und diese brauchen uns nicht zu beunruhigen. Rückschläge sind Lektionen, die uns weiterbringen. Es ist wie beim Reiten: Fällt man vom Pferd, muss man gleich wieder aufsteigen. Und am Ende steht dann vielleicht wirklich der Turniersieg!

### 4.3.8 Der Fortschritt ist unser Freund – und sei er noch so klein

Auch wenn wir das Ziel nie aus den Augen verlieren sollten, darf es nicht das Einzige sein, das unsere Sinne beherrscht. Wir müssen im Gegenteil einen Blick für die kleinen Fortschritte behalten, die uns im Alltag als Ansporn und Motivationshilfe dienen können. Unser

Gehirn ist darauf ausgelegt, neue Gewohnheitsmuster anzulegen. Wir müssen uns diese natürliche Struktur nur zunutze machen. Um noch einmal auf die Empfehlung mit der Strichliste zurückzukommen: Wir dürfen – und sollten(!) – uns über wirklich jeden Strich freuen, denn jeder Strich bringt uns unserem Ziel ein Stück näher. Und wenn einmal ein solcher Strich, ein solcher Haken ausfällt, dann sollten wir auf die Phase schauen, die wir bereits erfolgreich hinter uns gebracht haben und uns zum Ziel setzen, diesen Wert beim nächsten Versuch zu übertreffen.

## 4.4 Kontrolle! Gute Gewohnheiten behalten

Wenn wir eine gute Gewohnheit erfolgreich etabliert haben, heißt das nicht, dass wir alle Disziplin und Mühe fahren lassen können. Das wäre sogar eine ausgesprochen schlechte Idee –, denn auch gute Gewohnheiten kann man allzu leicht wieder verlieren.

Stellen wir uns die Schulzeit vor: Jeden Morgen geht der Wecker, vielleicht um 6:30 Uhr. Dann heißt es aufstehen, anziehen, frühstücken, Zähne putzen – und auf in die Schule. In den Ferien sieht das aber ganz anders aus! Da wird der Wecker nicht gestellt, und schon fällt die gesamte Morgenroutine, der ganze Tag anders aus.

Gute Gewohnheiten halten sich in vielen Fällen nur, wenn wir sie ständig kontrollieren. Das heißt auch: Wir müssen uns selbst kontrollieren. Denn wenn wir das nicht tun, besteht immer das Risiko, dass wir eine an sich gute Gewohnheit wieder schleifen lassen. Das Beibehalten einer guten Gewohnheit erfordert ebenfalls Disziplin und Willensstärke. Deshalb müssen wir uns selbst immer wieder auf den Prüfstand stellen und genau darauf achten, ob wir unsere selbst gesteckten Ziele auch wirklich jeden Tag erreichen.

Um unser Verhalten effektiv kontrollieren zu können, müssen wir es deshalb definieren. Nur ein konkretes Ziel kann messbar erreicht oder verfehlt werden. Wenn wir wissen, was wir wollen, können wir prüfen, ob wir im Soll sind. Wenn unser Ziel zum Beispiel eine Verringerung unseres Körpergewichts ist, dann führt kein Weg an der Waage vorbei, mit deren Hilfe wir täglich überprüfen, ob die gewünschte Richtung noch beibehalten wird. Sollte unser Gewicht wieder nach oben gehen, können wir es auf diese Weise schnell feststellen und eine erforderliche Kurskorrektur vornehmen.

## 4.5 Morgenstund hat Gold im Mund – die Morgenroutine

Ein Tag beginnt mit dem Morgen. Das ist eine Binsenweisheit, für die wohl kaum jemand die Ohren spitzen würde. Oft übersehen wird aber auch Folgendes: Häufig endet ein Tag auch schon mit dem Morgen. In gewisser Weise jedenfalls, wenn der Morgen nämlich nicht richtig genutzt wird. Ein verkorkster Tagesbeginn hat schon viele Menschen so aus dem Takt gebracht, dass sie auch in den folgenden Stunden nicht mehr in einen gesunden Rhythmus hineingefunden haben. Aus diesem Grund ist es alles andere als gleichgültig, wie wir einen Tag beginnen.

Das sprichwörtliche Gold im Mund der Morgenstund ist die Gewohnheit. Oder besser: gleich mehrere Gewohnheiten. Wie wir in den Tag kommen und in diesem bestehen, hängt zu einem großen Teil mit unserer Morgenroutine zusammen. Die Morgenroutine ist aber nichts anderes als die Summe der Gewohnheiten, mit der wir einen Tag beginnen. Deshalb muss die Morgenroutine vor allem eines sein: eine regelmäßige Gewohnheit, die wir jeden, wirklich jeden Morgen ausüben.

### 4.5.1 Wer gut schläft, wacht besser auf

Ein guter Morgen beginnt mit genügend Schlaf. Das bedeutet: Sie sollten unbedingt rechtzeitig zu Bett gehen. Es ist keine gute Idee, die Nacht zum Tag zu machen, um dann nach wenigen Stunden Schlaf gleich wieder in der Früh aus dem Bett zu springen, womöglich auf das Frühstück zu verzichten und rasch zur Arbeit zu hetzen. Etwa sieben bis neun Stunden Schlaf benötigt der durchschnittliche erwachsene Mensch, um ausreichend Kräfte zu regenerieren. Während des Schlafens sollte es zu möglichst wenig Unterbrechungen kommen – und vor dem Zubettgehen ist es wichtig, gründlich zu lüften, vor allem wenn im selben Raum elektrische Geräte wie ein Fernsehapparat genutzt wurden.

### 4.5.2 Der Morgen beginnt am Abend zuvor

Deshalb beginnt ein guter Morgen schon am Abend zuvor. Nach Möglichkeit sollten Sie darauf verzichten, nach 18:00 Uhr noch etwas zu essen – sonst hat ihr Magen in der Nacht viel zu tun und der fortschreitende Verdauungsprozess bringt Sie um den gesunden und erholsamen Schlaf. Auch ein grundsätzlicher Plan für den Beginn des nächsten Tages ist wichtig: Damit Sie nicht erst nach dem Aufstehen beim Augenreiben überlegen müssen, was Sie eigentlich tun wollen und sollen, ist es gut, die ersten Abläufe schon im Vorfeld festzulegen. Zeit und Energie sparen lässt sich auch durch das rechtzeitige Bereitlegen der Kleidung. So können Sie am nächsten Morgen nach dem Aufstehen gleich ein ganzes Pensum automatischer Abläufe abspulen, ohne dass Sie dabei Zeit verlieren.

### 4.5.3 Wecker stellen – Wecker beachten

Der liebste Feind des Menschen ist der Wecker. Ohne seinen verlässlichen Weckruf wäre unser geordnetes Leben undenkbar, aber gleichzeitig ist sein schriller Schrei verhasst und wird nur zu gern und so schnell wie möglich wieder zum Verstummen gebracht. Oft hat das Klingeln noch nicht einmal begonnen, da zuckt der Finger schon auf die Snooze-Taste. Aber sehen wir der unbequemen Wahrheit ruhig ins Auge: Die Snooze-Taste ist eine schlechte Erfindung – und eine schlechte Gewohnheit, die wir so schnell wie möglich ablegen sollten.

Die Snooze-Taste bringt uns nämlich gar nichts, nur eine trügerische Verlängerung eines Dämmerzustandes, der uns für den Tag mehr ausbremst als stärkt. Vergessen wir die Snooze-Taste, ignorieren wir sie – und zwar konsequent. Anstatt das Unvermeidliche hinauszuzögern, sollten wir es lieber vorziehen und den Wecker fünf Minuten früher stellen als nötig. Dann bleibt uns auch wirklich genug Zeit, um vernünftig aufzuwachen und aufzustehen. Durch das ständige Hochschrecken und wieder eindösen erreichen wir nämlich keinen zusätzlichen Erholungseffekt, sondern verwirren nur unser Gehirn, das nicht weiß, in welchen Modus es jetzt eigentlich schalten soll.

Besser ist es, wenn wir uns strecken und dehnen, um den Körper auf Betriebstemperatur zu bringen. Beim Fußball müssen sich die Auswechselspieler erst ein wenig aufwärmen, bevor der Trainer sie aufs Feld schicken kann. Genauso geht es uns auch beim Aufstehen. Deshalb ist es auch wichtig, dass der zeitliche Rahmen stimmt und nicht zu eng gesetzt ist. Wir brauchen also Pufferzonen!

## 4.5.4 Genügend Pufferzonen einrichten

Eine gute und gelingende Morgenroutine benötigt Zeit. Der schlimmste Feind eines guten Tagesbeginns ist die Hetze. Um diese zu vermeiden, hilft nur ein vernünftig kalkulierter Zeitplan. Deshalb sollte die Morgenroutine ausreichend Pufferzonen beinhalten. In der Praxis stellen wir den Wecker also etwas früher, als wir das eigentlich müssten und schlagen auf alle Punkte unserer täglichen Morgenroutine noch ein wenig Extra-Zeit drauf, um möglichst entspannt und ohne Druck in den neuen Tag hineinzukommen. So kann auch einmal etwas Unerwartetes, zum Beispiel ein kleines Missgeschick, passieren, ohne dass uns das gleich aus dem Takt bringt. Diese Pufferzonen ziehen sich hin bis zum Aufbruch: Wir sollten alles so kalkulieren, dass wir überall rechtzeitig eintreffen – und, wann immer möglich, lieber eine Bahn oder einen Bus früher nehmen, ehe wir rennen und schwitzen müssen. Ein ausreichend bemessenes Zeitmaß nimmt sehr viel Spannung aus dem Alltag.

## 4.5.5 Keine Ablenkungen während der Morgenroutine

Eine möglichst stringente Morgenroutine ist wichtig. Vielerorts wird nach dem Aufstehen zuerst auf das Handy geschaut, Facebook gecheckt oder der Maileingang überprüft. Das ist aber ein ganz falscher Ansatz. Genauso wenig sinnvoll ist es, gleich morgens das Internet nach Neuigkeiten zu durchforsten, die uns womöglich beschäftigen, vielleicht sogar belasten, und gleich wieder wichtige mentale Energie kosten. Ganz gezielt sollten wir unsere Morgenroutine von allen denkbaren Ablenkungen freihalten. Am besten ist es ohnehin, wenn wir für die Überprüfung der sozialen Medien und des Posteingangs einen festen Zeitpunkt sowie einen festen Zeitrahmen bestimmen, an den wir uns jeden Tag halten. Sonst verschwindet schnell zu viel Zeit in diesem schwarzen Loch. Wach wird man am schnellsten und gesündesten analog – höchstens ein digitaler Wecker ist erlaubt.

### 4.5.6 Es werde Licht – und bleibe dabei

Am Abend ist Dämmerlicht sehr beliebt – es ist gemütlich und ermöglicht dem Körper, allmählich herunterzufahren und zur Ruhe zu kommen. Am Morgen sieht die Sache aber ganz anders aus: Da wollen wir ja unsere Systeme hochfahren und möglichst schnell etwas bewegen. Deshalb ist Licht am Morgen ein ganz wichtiger Faktor. Allerdings empfinden es viele Menschen als unangenehm, wenn auf einen Schlag das gleißende Neonlicht durchs Zimmer flutet und die schlaftrüben Augen blendet. Eine gute Lösung ist hier ein Lichtwecker: Der fängt zu einer festgesetzten Zeit damit an, das Zimmer langsam, aber stetig zu erleuchten – fast wie ein natürlicher Sonnenaufgang. So haben unsere Augen (und unser Gehirn!) Zeit, sich an das Hellwerden zu gewöhnen. Auf keinen Fall sollten wir uns bei schummrigem Dämmerlicht durch die Wohnung tasten. Das ist zwar schön gemütlich, aber völlig ungeeignet, um richtig Fahrt aufzunehmen.

### 4.5.7 Ruhe und Wohlgefühl sind wichtig

Eine angenehme Umgebung ist für eine erfolgreiche Morgenroutine wichtig. Es ist darum immer besser, wenn unser Schlafzimmer und auch unsere Wohnung in schöner Ordnung gehalten wird. Wer morgens in der Küche bei der ersten Tasse Kaffee auf das Schmutzgeschirr der letzten Woche starrt, verliert automatisch eine ganze Menge Schwung und Motivation für den Tag. Auch sollten wir von einer ständigen Beschallung Abstand nehmen –, stattdessen kann ein wenig Ruhe nichts schaden. Laut wird unser Tag schließlich von ganz allein. Es schadet nichts, wenn wir morgens ein wenig zu uns kommen können und nicht gleich alle Einflüsse ungefiltert auf uns einprasseln lassen müssen.

### 4.5.8 Zähneputzen und Körperhygiene nicht vergessen

Wenn es morgens knapp wird, dann gibt es immer ein paar Dinge, die gern unter den Tisch fallen – die regelmäßige Körperhygiene zum Beispiel. Katzenwäsche lautet das Stichwort, dabei sind Katzen eigentlich sehr reinliche Tiere und nehmen sich ausreichend Zeit, um sich richtig zu säubern. Auch das Zähneputzen wird schnell und oberflächlich durchgeführt – oder ganz vergessen. Stattdessen soll ein Bonbon oder ein Zahnpflegekaugummi für Sauberkeit und guten Atem sorgen. Beides sind aber keine ausreichenden Maßnahmen und genügen nicht für eine wirklich brauchbare Morgenroutine.

### 4.5.9 Ein gesundes Frühstück – ohne zeitlichen Druck

Unser Stoffwechsel muss in Gang kommen, damit wir den Alltag bestehen können. Ideale Grundlage und Starthilfe ist ein Frühstück. Alle Gründe, die uns davon abhalten wollen, richtig zu frühstücken, sind Ausreden, die wir nicht gelten lassen sollten. Wenn wir jeden Morgen zu wenig Zeit haben, um in Ruhe zu frühstücken, dann müssen wir den Wecker früher stellen. Wenn wir morgens glauben, keinen Hunger zu haben, dann müssen wir uns diesen Hunger eben verordnen. Das Frühstück ist keine Option, sondern Teil des Plans – also halten wir uns daran. Sonst wird das nämlich nichts mit dem besseren Leben durch gute Gewohnheiten.

# 5. Schritt für Schritt das Leben verändern – Traumleben durch Gewohnheiten

Auch wenn Sie die Gewohnheit pflegen, jede Woche einen Lottoschein auszufüllen, bringt Ihnen diese Gewohnheit nicht den ersehnten Gewinn. Trotzdem können wir mit den richtigen Gewohnheiten unser Leben schrittweise zum Guten hin verändern. Denn jede gute Gewohnheit ist ein Gewinn – und wenn unser Leben die Summe guter Gewohnheiten ist, dann ist es auch ein gutes Leben.

Dafür braucht es eine Politik der kleinen (und manchmal auch größeren) Schritte. Im Flug oder auf der Überholspur gelingen tiefgreifende und bleibende Veränderungen in unserem Leben nur selten – oder gar nicht. Deshalb heißt es, Schritt für Schritt vorwärts zu gehen.

Es ist ein ungemein lohnendes Unterfangen, an unseren Gewohnheiten zu arbeiten. Und es ist beileibe keine Übertreibung, wenn wir einmal festhalten, dass wir durch eine Veränderung unserer Gewohnheiten auch wirklich unser Leben verändern können – nachdrücklich und zum Besseren.

Dafür müssen wir aber wissen, was wir tun. Gewohnheiten ändern ist kein Stochern im trüben Wasser. Wir müssen uns genau darüber im Klaren sein, welche guten und welche schlechten Gewohnheiten wir haben. Um die wichtigste Lektion beim Etablieren neuer und

Ablegen schlechter Gewohnheiten zu wiederholen: Wir müssen uns hinterfragen! Immer und immer wieder hinterfragen! Auch das gelingt bei einzelnen Schritten leichter, als wenn immer gleich das große Ganze infrage gestellt werden muss. Einzelne Schritte lassen sich separiert betrachten, gründlich analysieren und bei Bedarf korrigieren.

Wenn Eltern mit ihrem Kind eine größere Wegstrecke zurücklegen müssen (oder eben eine Wegstrecke, die dem Kind aufgrund seines anderen Relationsverständnisses größer erscheint), dann wird oft minütlich in quengelndem Ton die Frage gestellt: »Wie lange noch?« Um die Sache zu entschärfen, setzen die Eltern dem Kind dann oft Zwischenziele. Bis zu einem Straßenschild, bis zu einem bestimmten Hauseingang, bis zu einem Kiosk – und so weiter. Plötzlich sieht das Kind Erfolge und der Weg erscheint deutlich kürzer, obwohl sich an der eigentlichen Länge nichts geändert hat.

Dieses Beispiel kann auch für uns ein Modell sein, wenn es darum geht, Fortschritte zu machen und gute Gewohnheiten anzulegen. Verbessern wir unser Verhalten schrittweise und versuchen wir nicht, unser ganzes Leben binnen weniger Augenblicke zu ändern. Vor allem aber: Jeder einzelne Schritt ist ein Erfolg und sei er noch so klein! Reden wir unsere Erfolge nicht zunichte!

Das Wichtigste an der schrittweisen Veränderung unseres Lebens ist eine gewisse Ruhe und Gleichmäßigkeit. Nicht im Laufschritt, nicht im Stechschritt, sondern in einem ganz normalen Gehrhythmus gehen wir Schritt für Schritt weiter – und vorwärts. Je schneller und hektischer wir vorpreschen, desto leichter sind wir aus dem Gleichgewicht zu bringen.

# 6. Schlusswort

Ich hoffe, Sie haben sich nicht allzu sehr an dieses Buch gewöhnt, denn jetzt ist es zu Ende. Das macht aber gar nichts, denn Sie haben eigentlich jetzt keine Zeit mehr zum Lesen. Sie haben eine Menge vor: Sie wollen jetzt Ihre Gewohnheiten auf den Prüfstand stellen. Schlechte Gewohnheiten erkennen, ihr Muster verstehen und durchbrechen und neue, gute Gewohnheiten etablieren. Das ist das Ziel – und nach der Lektüre dieses Buches wissen Sie auch, wie Sie es erreichen können.

Keine Sorge – ich lasse Sie dabei nicht allein. Ich laufe Ihnen nicht weg. Ich bin immer noch da, hier in diesem Buch zwischen den Seiten. Niemand hindert Sie daran, hin und wieder dieses kleine E-Book noch einmal zu öffnen und die wichtigsten Dinge nachzulesen. Spicken ist ausdrücklich erlaubt –, wir sind hier schließlich nicht in der Schule. Wenn es sein muss, dürfen Sie sogar nachsitzen –, auch das ist keine Schande.

Es geht nur darum, Ordnung in Ihre Gewohnheiten zu bringen. Wie es so schön im Märchen heißt: Die guten ins Töpfchen, die schlechten ins Kröpfchen. Schlucken Sie die schlechten Gewohnheiten einfach herunter und vergessen Sie sie. Es gibt für jede schlechte Gewohnheit mindestens eine gute Alternative – Sie müssen nur davon Gebrauch machen. Die kleine Mühe lohnt sich, Sie werden es sehen!

Und wenn alles klappt, dann sind Sie auch bald ein erfolgsgewohnter Mensch. Und Erfolg ist schließlich die schönste Gewohnheit von allen. In diesem Sinne: Gewöhnen wir uns daran. *Viel Erfolg!*

WirmachenDruck.de
Sie sparen, wir drucken!